人口80万人時代の青森を生きる

― 経済学者からのメッセージ ―

李永俊・飯島裕胤　編著

はしがき

　本書は人口80万人時代の青森、すなわち2040年代の青森県の姿をとらえることを目的としている。弘前大学人文社会科学部に在職する7名の経済学者がそれぞれ専門とする研究成果を持ち寄り、ある者はデータ分析によって2040年代にも通底する青森県経済の特質をあぶり出し、ある者は2040年代までに起こる社会変化の観点から青森県経済の予測図を描き、またある者は経済の世界的潮流を見据えながら青森県経済がとるべき対応策を提示している。

　現状の青森は人口約125万人であるが、国の推計では、2040年代には人口80万人時代に突入する。80万人という、現在より3割以上も人口の少ない青森を、私たちはいかに生きるべきか。このように人口80万人時代の青森を考え、その対応策を検討することは、序章で詳述するが、決して後ろ向きな作業ではない。私たちの幸福を、今後私たちが置かれる状況の中で、私たち自身がつかみとってゆくための、前向きな作業であると思う。青森に生きる読者が力強く豊かに前進してゆく手がかり、道しるべを提供したいという思いで、本書は企画されている。

　本書が成るまでに、研究の大半は、弘前大学人文社会科学部地域未来創生センター（上記7名も参画している）と青森県企画政策部が共催する「政策科学研究会」で報告されている。この研究会は、弘前大学人文社会科学部がもつ経済学の知識や技法と、青森県企画政策部がもつ政策的な知見や経験を共有することで、学術と政策の相互発展を促すことを目指して開催されているものである。

　このような研究会は、地方自治体としてユニークな試みである。日々の激務の中で時間をやりくりして出席されている県職員の方々には、本当に頭が下がる。研究者と政策担当者がともに、毎回の報告に対してオープンな議論を行うことで研究が深められ、新しい問題意識も次々に生まれている。

　常々、一般の読者に向けて書かれた政策的な指摘は「大なた」のような大

胆さをもつべきと思うのだが、もし本書にわずかでもそのような切れ味がみられる部分があるとすれば、県職員の方々によるところが大きい（他には、弘前大学人文社会科学部ならびに同大学院人文社会科学研究科の学生・院生諸君との日々の議論によるところもある）。一方で、それでも読みにくい部分、あるいはありうる誤りは、私たちの責である。政策科学研究会は続き、私たちも成長している。書きたいテーマは尽きないし、また今後は経済学者だけでなく、法学者や会計学者らとも共同して分析手法を拡充したいとも考えている。読者には続刊を期待して頂き、宥恕を願う次第である。

　本書の刊行にあたり、熱心に会合に参加し、真剣な議論を展開していただいた「地域未来創生政策科学研究会」メンバー、各章の論文を執筆していただいた執筆メンバーに対して深く感謝の意を表したい。また、本書の出版にあたって弘前大学出版会の皆様にはご尽力いただいた。編集長の足達薫先生と担当編集員の澤田真一先生、竹達嘉純さんには表紙のデザインから内容に至るまでサポートしていただいた。この場を借りて、皆様へ心からの感謝の意を表したい。

2019年5月　編者

目　次

はしがき　　iii

序　章　「人口80万人時代の青森を考えること」とは ─── 1

1．未来を考えることの可能性　3
2．人口80万人時代の青森県の姿　6
3．各章の概要と見どころ　7
4．総括　14

第1章　人口80万人の青森県経済と労働市場 ─────── 15

1．はじめに　17
2．人口減少と地域経済　19
3．域内総生産を高める政策　25
4．移住者の特徴　27
5．移住の理由、可能にした条件、直接のきっかけ　30
6．移住・定住支援の新たな試み─結びにかえて　35

第2章　人口減少時代の青森農業 ─────────── 39

1．はじめに　41
2．平成時代の青森農業と農民　42
3．青森農業の地域性　48
4．リンゴ産業の競争力強化　54
5．おわりに　60

第3章　グラビティ・モデルを用いたリンゴの ────── 63
　　　　　輸出の推計

1．はじめに　65
2．日本におけるリンゴの輸出入額の推移　66
3．先行研究　68
4．データ・分析方法　70
5．分析結果　71
6．おわりに　73

v

第4章　地方自治体による再生可能エネルギー政策 ——— 79
～効果の検証と青森県の今後の方向性について～

1．はじめに　81
2．再生可能エネルギー　82
3．地方自治体による再生可能エネルギー補助政策　85
4．今後の再生可能エネルギー政策のありかた　94

第5章　北東北・北海道の地域間交通の課題 ——— 101

1．はじめに　103
2．青森県を起終点とする地域間旅客数の変化　104
3．交通機関分担率モデルと交通需要モデル　107
4．北海道新幹線開業の北東北・北海道の地域間交通への影響　109
5．おわりに　112

第6章　金融技術革新と人口減少下の地域銀行 ——— 115

1．はじめに　117
2．人口減少と地域銀行　120
3．金融技術革新と新規参入　123
4．地域銀行業の未来　126
5．補論　134

第7章　青森県マクロ経済は、非伝統的金融政策に ——— 143
いかに反応するか？

1．はじめに　145
2．推定式とデータ　146
3．非伝統的金融政策に対する青森県・秋田県・全国のマクロ経済の反応　148
4．非伝統的金融政策の青森県の生産・物価に対する波及経路　153
5．結論　156

序 章

「人口80万人時代の青森を
考えること」とは

序章 「人口80万人時代の青森を考えること」とは

李　永俊・飯島裕胤

1．未来を考えることの可能性

　「来年の話をすると鬼が笑う」という。本書は人口80万人時代という未来の青森県を考えるものである。その書き手は弘前大学人文社会科学部に在職する7人の経済学者であるが、「経済学者が来年の景気を予測しても、果たして当たるかどうか……」といった世評は十分に認識している。弘前大学の経済学者は、皆なぜか謙遜家なのである。編者も、楽しみとして来年の為替や株式の動きを話すことはよいが、話を自信満々にして相手に信じさせてはいけないと、常に自戒している。地震学者が将来の大地震を、気象学者が局地豪雨の積算雨量を的確に当てることができないのと同様に、明日を見通すことは難しく、人は未来に対して謙虚であらねばならない。

　にもかかわらず、私たちはここで、未来の青森県の姿を考えようと思う。それは、1つには未知のものを知りたいという研究者の「本能」に由来するものだが、もう1つには、実は私たちに「勝算」もあるからである。私たちは、未来を知ることは条件付きで可能であると考えている。

　寓話によって説明したい。

　本書の執筆時点（2018年10月）の話題書の1つに、『未来の年表』（河合雅司著、講談社現代新書、2017年）がある。広く読まれ、続編も出版され

ている。この本は、おおよそ2050年ごろまでの期間、何年に何が起こるかを具体的に記している。たとえば、「2025年、ついに東京都も人口減少へ」、「2040年、自治体の半数が消滅の危機に」などであるが、その背景にある考え方は全て、今後の日本の人口予測データである。

シンプルなだけにインパクトが強いのか、2017年だったかと記憶するが、他分野の同僚研究者が激賞するので、早速編者も購入してページを繰ってみた。すると、その冒頭近くに、刺激的な一節があった。いわく、「2018年、国立大学が倒産の危機へ」―。

私たちは研究者であるが、国立大学の教員でもある。この本は、決して妻（夫）子には見せてはならないと思う。悲しみに暮れる妻（夫）子が目に浮かぶ。「お父さん（お母さん）、失業しちゃうの？」と。失業は誰にでも起こりうることだが、悲しいことである。読み進めるに内容は、2018年に大学進学者の母数である18歳人口が大きく減少する。とくにその影響は地方大学に強く及ぶ。その結果、全ての大学という訳ではないが、ブランド力のない私立大学、さらには国立大学も倒産の危機に陥るといった趣旨、目を覆いたくなる未来が書かれていた。

さてさて、執筆現在2018年、既に10か月が過ぎている。結果はどうであろうか。国立大学は今のところ倒産危機にない。名古屋大学（ノーベル賞受賞者を多数輩出している）と岐阜大学（特色ある先端研究を組織的に行っている）の合併統合協議の他、北海道地区などで大学再編の動きはあるが、これらは倒産危機とは無関係なものである。また、私立大学においても、入学者確保に苦戦する一部大学を含めて倒産の動きはない（もちろん2018年末までには、若干の時間はあるものの……。）

さて、読者はこの話から何を読み取るべきであろうか。

ここで謙遜家であったはずの経済学者が、「思い知ったか『未来の年表』よ！ 大学業界は安泰で倒産なんてありえないのだ」と言い出したら、どうだろうか。賢明な読者はおそらく賛同せず、静かに次のように述べるにちがいない。「2018年に大学は倒産しなくとも、それは大学に危機がないことを意味すまい。18歳人口の急減は動かし難く、よって今後ますます入学者確

保が難しくなるからである。」

　その通りである。来年に起こることを当てるのは、実は難しい。むしろ、長期間の未来に起こることを当てる方が易しい。ピンポイントで語られた未来はあてにならないが、より長い時間幅で語られた未来像は、内容によるが、有益であることも多いのである。

　これを第一の教訓とするならば、さらにもう１つ、踏み込んで読み取るべきことがある。『未来の年表』の問題は、予測の対象が人間社会であるにもかかわらず、因果関係を直線的に敷衍して予測していること（そのシンプルさがベストセラーの理由でもあるが）にある。そうでなく、人間、あるいは・・・・・人々がどう動くのかを的確にとらえ、その行動を織り込んで予測を組み立てていくべきなのである。

　大学に勤務する者には周知のことだが、大学の入学者確保が難しくなったからといって、学校法人が直ちに廃業を選択することはほぼない。一般企業と異なり、解体した大学の資産を私的に払い出すことは制度的にできない。よって、できる限り存続させるように動くことが一般的で、その動きを織り込むなら、大学倒産の危機は18歳人口急減の直後でなく、むしろその先である。「どこまでもつか」の問題でといえる（大学に残された資産と、定員割れによって毎年生じる赤字の相対で決まる）。

　経済学は、人間、あるいは人々がどう動くのかを考え続けてきた学問分野である。そして様々な分析手法を蓄積してきた。私たちの「勝算」はここにある。つまり、人口減少という長い期間にわたるほぼ確実な未来をもとに、その未来に人々がどう動き、社会がどう変化するかを考えていくことで、かなり確度の高い未来像を提示できるのではないかということである。本書では、青森県の未来像を考えるとともに、関連する範囲で経済学の論理も示していきたい（なお、人間、あるいは人々がどう動くのかを考えてきたのは、経済学者だけではない。優れた歴史学者や法学者は、異なるアプローチから示唆に富む未来像を提示してくれる。これらも参照することは有益である）。

　ところで、人間は先天的に未来を予測するような動物ではない。行動経済学の創始者であるＤ・カーネマン、世界的証券トレーダーだが深淵な思想家

でもあるＮ・Ｎ・タレブらの著作を読むと強くそう感じる。人間が未来を予測しないのは、予測するために考え込んでいたら、「ライオンに食われて」しまうからである（そのような先祖は淘汰されてしまったのだろう――タレブの著書『ブラックスワン』（ダイヤモンド社、2009年）による）。考えるより逃げる、これが直面する危機を避ける最良の方法である。

　私たちはこれから、長い期間にわたる危機にほぼ確実に差し掛かる。もはや、逃げることが最良の方法とは言えない。私たちが先天的に予測することのできない動物であるなら、意識的に、じっくりと考えを巡らせて１つ１つ未来像を組み立ててゆくしかない。

　しかしそれは、決して陰気で辛い作業を意味しないと思う。なぜなら、それは、私たちの幸福を、これから私たちが置かれる状況の中で、私たち自身がつかみ取ってゆく作業だからである。人類の歴史は、数多くの夢想的楽観論が経済的資源制約によって打ち砕かれる一方で、必然的にもみえる悲観論もまた、その後生じた社会的イノベーションによって打開されてきたものであった。少なくとも経済学者はそう考えている。人口80万人時代の未来像を考えることは、忍耐強くなければならないものの、有益で創造性に富んだ作業に他ならないのである。

２．人口80万人時代の青森県の姿

　序章ではこの後、続く各章の概要と意義を述べてゆくが、その前に、青森県の人口減少予測と、その基本的意味を確認しておきたい。

　国立社会保障・人口問題研究所が2018年３月30日公表した『日本の地域別将来推計人口』によると、青森県の総人口は2035年には100万人を割り込み、99万４千人まで減少すると見込まれている。また、2045年には82万４千人で、2040年代前半には確実に人口80万人時代に突入すると推計されている。

　このような人口減少はわれわれの日常生活にどのような変化をもたらすのだろうか。経済学で「ヒト（人）」は次のように捉えられている。第一は「消費の主体」としてヒトである。経済活動で生産された財やサービスはヒ

トによって消費される。そのため、ヒトが減少すると地域内の消費力が低下し、消費の低下は生産活動を減少させ、地域内の経済活動を停滞させてしまうのである。第二は「生産の主体」としてのヒトである。ロボットや生産の自動化、AI、IoT技術がいくら発展していても、生産活動にヒトは必要不可欠な存在である。そのため、地域内からのヒトの流出は地域内の生産活動を停滞させ、生産活動から生まれる雇用の場が失われることになる。雇用の場の減少は新たな人口流出を誘発し、地域内の人口は加速的に減少するのである。

　第三は「再生産の主体」としてのヒトである。いうまでもなくヒトの再生産はヒトにしかできないのである。『地方消滅－東京一極集中が招く人口急減』（増田寛也編著、中央公論新社、2014年）が地域内の再生産可能年齢の女性人口が地域存続の大きなカギであると主張したのも、再生産の主体としてヒトに注目したからである。また、地方からの若者の流出は、地域内の若者の婚姻率を低下させ、人口減少に拍車をかけることになる。総人口の減少によって、人口減少率が大幅に増加するのも人口の再生産能力が大きくかかわっている。

　以上のように、地域内からの人口減少は消費の減少、生産活動の停滞、雇用の場の消失、新たな流出、人口再生産能力の停滞とつながる負のスパイラルによって、地域の存続を脅かすことになる。このような負のスパイラルから地域を守り、持続可能性を高めるためには、人口減少が地域の社会経済にどのような変化をもたらしているのかを正確に把握し、地域の強みを活かし、課題を解決するために、具体的な政策を検討する必要がある。そこで、本書では様々な経済学の観点から本県の姿を分析し、人口80万人時代の青森県で持続可能な地域社会を形成するための政策を提言する。

3．各章の概要と見どころ

　第1章「人口80万人の青森県経済と労働市場」では、労働経済学の観点から人口減少が本県経済に及ぼす影響について分析を行っている。分析の結果、青森県における若年者の流出による人口減少問題は、地域経済の総生産

を低下させるのみならず、労働市場構造をも歪ませ、高齢人口の増加による労働力率の低下をもたらしていることが分かった。また、若者の流出は産業の高度化を妨げ、労働生産性の上昇を抑制する原因となっている。そして、地域内の経済の縮小は雇用の場を奪い、新たな流出を招いている。このような地域経済縮小の悪循環から抜け出すためには、「人口の再配置」が鍵となる。今まで地方から都市へと流れていた人口移動の流れを都市から地方へと移動方向を変えることである。移住促進策を検討するため、都市から地方への移住行動を分析したところ、移住の多くは出身地（地元）への「帰還行動」であることが分かった。また、「住まい」としての実家の存在は、地方への最大のプル要因（引き付ける要因）となっていることを明らかにした。実家の存在を条件として移住している者は、自分から仕事を辞めるなど自ら直接的なきっかけを作って移住している。また、そのように移住してきた者は、ワークライフバランスの満足度や幸福度が有意に高くなっており、定住の可能性が高いことが判明した。政策的含意として、「地元」と「住まい」を重視した移住促進策の必要性を指摘している。

　この章の描写は的確で、人口移動の実相を具体的にとらえており、青森県の未来を考える上で示唆に富む。

　第2章「人口減少時代の青森農業」は、農業経済学の観点から分析を行う。日本有数の農業地帯とされる青森県は、日本全国より一足先に人口減少を経験し、2000年あたりから農業就業者数と総農家数の減少が加速するようになった。総農家数の中に自給的農家の割合が増え、販売農家のそれが下がっている。一方、販売農家の場合、専業農家の割合が大幅に増え、兼業農家、とくに第2種兼業農家の割合が大幅に減少している。そして0.5ha未満農家数の割合と3ha以上農家数の割合がともに増加し、農家経営規模の二極分化が進んでいる。

　県内地域別にみた場合、米の大幅自由化と米価下落の影響を受け、米の売上高とそのシェアは大幅に低下し、逆に野菜、果実、畜産のそれが拡大している。地域によって、米、野菜、畜産、果実に特化する傾向が強まり、いずれの部門においても農家の経営規模の拡大が進み、とくに米と畜産の動きが

顕著である。それに対して、規模の経済性が働きにくいといわれる果実はその動きが緩慢である。その象徴はリンゴの栽培である。

　果物産出額の9割以上を占めるリンゴが青森にとって数少ない競争力のある産業とされるが、やはり就業者数と栽培面積の減少に直面している。中堅リンゴ農家の規模拡大によって耕作放棄地や後継者不足の問題を解決していく施策が行われているが、限界がある。ここでは、将来に向けた新しいアプローチとして、高密植栽培の導入を提案したい。高密植栽培は従来のマルバ台栽培方式に比べ、10倍以上の苗木本数を必要とし、また支柱の設置などが必須なため、先行投資は大きいが、省力と早期結実かつ多収なので、トータルでマルバ台栽培方式より経済的である。ただし、低価格の苗木供給体制づくりが当面の課題である。

　この章は、青森県のリンゴ栽培についての筆者の丹念な調査に依拠しつつ、世界的潮流をふまえて大局的観点から論考が進められている。その指摘には、無視できない重みがある。

第3章「グラビティ・モデルを用いたリンゴの輸出の推計」は、国際経済学の分野で主要な分析ツールとして定着した「グラビティ・モデル」を用いて、リンゴの輸出の推計を行う。リンゴに焦点を当てたのは、青森県の主な輸出品であり、また県産品が日本の輸出の大部分を占めているという、国際経済学的にも興味深い特徴があるからである。グラビティ・モデルは、商品の輸出額を、輸出国と輸入国のGDP及び2ヶ国間の貿易費用等で説明する理論である。Anderson and Wincoop（2003）が、理論の定式化を行って以降、説明力の高いモデルとして、数多くの実証研究で用いられている[1]。

　日本は人口減少社会に直面しており、将来、GDPは伸び悩むことが予想される。グラビティ・モデルを用いたリンゴの輸出額の推計を行うことで、経済成長の低迷がリンゴの輸出にどのような影響を与えるかを推計することができる。また、日本のリンゴの輸出相手国は台湾、香港、中国など、今後

---

[1] 本章での文献データについては、各章の末尾にある参考文献リストを参照してほしい。以下同様。

も経済成長が見込まれるアジアの新興国が中心であり、輸出相手国の経済成長がリンゴの輸出額に与える影響についても推計できる。

モデルの推計には、日本のリンゴの輸出相手国18ヶ国の1994年から2016年のデータを用いた。計量分析の結果、日本のGDPはリンゴの輸出額に対して有意な効果は与えていないという結果がえられた。これは理論の予測と異なるが、近年、台湾向けの輸出が急拡大する中で、日本のGDP成長率の低迷が続いていることや、用いたデータが日本のリンゴの輸入国のみということが考えられる。一方、輸出相手国のGDPは正で有意で、貿易費用の代理変数である2ヶ国間の距離は負で有意であった。この結果は、輸出相手国のGDPが大きければ大きいほど、また日本と輸出相手国との距離が近ければ近いほど、リンゴの輸出額が増えるということを表している。本章の分析結果からは、日本はアジア地域と距離が近いというメリットを活かして、今後も成長が見込まれるアジア地域へ輸出を促進していくことが重要であるという示唆がえられる。

本章は、国際貿易を大局的にとらえる上で不可欠なツールであるグラビティ・モデルを使い、県の政策を考える際の確固とした視座を与えている。

第4章「地方自治体による再生可能エネルギー政策〜効果の検証と青森県の今後の方向性について〜」は、地方自治体による再生可能エネルギー政策について解説している。具体的にはまず、住宅用太陽光発電の導入初期のデータに基づいて、再生可能エネルギー普及に対して地方自治体の政策が果たした役割の大きさを検証している。ついで、昨今の情勢も踏まえ、今後青森県がとるべき政策について展望を述べている。

地方自治体による再生可能エネルギー普及政策は、規模に関しては全国的に展開された政策と比較して小さいものであった。それでも、住宅用太陽光発電の導入量を1%〜7%程度押し上げる効果があった。また、地方自治体による政策の効果は初期に高く、その後減衰する傾向にあった。このことは、住民に近い地方自治体が政策を行うことで、情報伝達などの追加的な効果があった可能性を示唆している。また、風力発電がすでに設置されていた地方自治体においては住宅用太陽光発電の普及が促進される傾向が見られ

た。風力発電と太陽光発電は同じ再生可能エネルギーであり、この点からも、普及の初期段階における情報伝達の効果が大きかったことが示唆される。

　その上で、青森県が今後に目指すべき方向性として、以下の4点を挙げている。まず、風力発電に関する豊富な運用経験と既存の設備を生かすために、設備更新などの支援を行うべきである。次に、バイオマス発電など、県内に資源があり、風力発電の弱点を補完できる可能性のある技術や設備に対して投資を行うべきである。3点目は、電気自動車の充電スタンドを拡充することである。今後の人口減少を考えれば低圧配電系統の制御専用の設備に対する投資を抑え、系統貢献技術である充電スタンド等を増やした方が効率的である。最後に、青森県としての独自性をアピールするために、他の地域に先んじて地熱発電を支援するべきである。地熱発電は初期投資が大きく時間がかかるため、行政の支援が大きな影響力を持つ可能性がある。

　本章は、近年注目されることの多い再生可能エネルギーについて、データも交えつつ現状を確実にとらえた上で、政策の方向性を明確に示している。筆者のこれまでの着実な研究活動が十分に生かされている。

　第5章「北東北・北海道の地域間交通の課題」では、地域間高速交通網の整備が北東北・北海道の地域間の旅客市場に与える影響について検討されている。まず、国土交通省による幹線旅客純流動調査の年間拡大データを利用して1990～2010年の青森県を起終点とする地域間旅客流動について説明される。青森県関連の地域間交通網の変化は1980年代に始まる。青森県と隣接する北海道・岩手県・秋田県及び青森・東京間の旅客数及び交通機関分担率の推移について概観される。青森・北海道間の旅客数では、青函トンネル開通等により、鉄道利用の増加とフェリー利用の減少が特徴的である。青森・岩手／秋田間の旅客数については、自動車分担率の高さが特徴である。青森・東京間については、東北新幹線開業により鉄道利用者の増加が見られるが、青森県内でも南部や青森生活圏では津軽生活圏に比べて鉄道の分担率が高いことなどが明らかにされる。

　次に、大橋・柴田（2017）を基にして、同モデルを利用した北海道新幹線開業の旅客市場への効果について議論される。大橋・柴田（2017）では、運

賃や所要時間、運航頻度等から説明される交通機関分担率モデルと起終点の需要ポテンシャルやトリップ費用から説明される地域間交通需要モデルが推定されている。さらに、推定結果を利用した事後予測的方法を通じて北海道新幹線開業が交通機関分担率や地域間交通需要に与える影響について分析される。分析結果を要約すると、北海道新幹線開業は、新幹線沿線の多くの地域の鉄道のトリップ費用を減少させるため、鉄道需要増加を促進させる。その結果、鉄道需要を含む地域間交通需要全体が大きく増加するが、他交通機関へ与える影響は比較的小さいことが明らかにされる。さらに、将来的に青森県では人口減少が進み80万人になることが予測されている。人口減少によって地域間旅客数は全体として大幅に減少することが示されることから、将来需要を見越した長期の計画・対応の必要性について指摘される。

　交通に関する広範な分析を行ってきた筆者による本章の分析は、結果はもちろん、その分析方法も示唆に富む。

　第6章「金融技術革新と人口減少下の地域銀行」は、金融技術（フィンテック）革新と人口減少という、今後来るべき2つの大きな経済環境変化の中で、地域銀行業において、どのような事業モデルが優位をもつかを検討する。とくに、従来の銀行に多い伝統的フルラインナップ型の事業モデルについて、その歴史的意義と今後の展望を示す。さらに、地域銀行サービスの代替性が、まず決済、次いで預金へと、波及的に高まっていくことを示し、この観点から、脱フルラインナップ型の事業モデルの可能性と課題を検討する。

　銀行業の未来については社会的関心が高く、学術・一般書だけでなく雑誌・新聞の特集・論説記事でも多く目にする。銀行に強い関心と深い愛情のある者が書いたものだけに、日本の銀行業に対する厳しい見方が展開されることが多いのだが、本章がそれらの論考と大きく異なるのは、力を失う銀行について述べるだけでなく、理論を読み解きながら、今後優位をもつ銀行の事業モデルにも踏み込んで議論している点である。大胆細心な論考で、注目に値する。

　第7章「青森県マクロ経済は、非伝統的金融政策にいかに反応するか？」では、マクロ経済学の観点から論を進めている。金利低下ではなく貨幣量を

拡大させ、経済を好転させようという非伝統的金融政策が導入されて20年弱の時間が経過した。この非伝統的金融政策が地方経済を好転させているかを分析した研究は極めて少ない。この章では、マネタリーベースが増大したときに、全国、秋田県、青森県の生産、物価、失業率がいかに変動するかを構造VARモデルという現在のマクロ経済学の実証研究で標準的な手法を用いて検証を行った。

　その結果は、全国においては、マネタリーベースが増大したときに生産は統計的に増大したとも減少したとも言えない。秋田県の生産は、マネタリーベースが増大すると、即座に増大し、7か月後には、有意な反応を終えている。青森県の生産は、マネタリーベースの増大後、1年以上経過してから統計的に有意に増大し、その後もプラスの反応を継続してゆく。この青森県の生産の反応は、意外で興味深い結果である。

　物価に関しては、マネタリーベースの増大に対して、全国では即座に統計的に有意に増大する。秋田県と青森県の物価が、統計的に有意に増大するのは、共に10か月後である。失業率に関しても、マネタリーベースの増大に対して、全国では即座に統計的に有意に低下する。秋田県と青森県の物価が、統計的に有意に低下するのは、共に約8か月後である。よって、青森県において非伝統的金融政策が、生産、物価、失業率に関して効果を発揮するには一定の時間が必要となっている。

　生産に関しては、非伝統的金融政策は全国では効果が確認できないが、青森県では効果が生じている。この意味では、青森県において非伝統的金融政策の効果は全国よりも有効的といえる。青森県の生産に対する非伝統的金融政策の波及経路は、長期金利であることが本研究では確認された。この事は、青森県の生産が、マネタリーベースの増大後、1年以上遅れて増大する事と整合的である。また、この金融政策に対して1年以上経過して生産が増大することは、青森県において不況対策としての財政出動が、金融緩和政策が実施された直後に発動すると生産が平準化されることを意味していよう。

　従来、金融政策は、日本全体で均一な効果があるものとしてとらえられてきた。筆者の丹念な分析により、日本国内においても、地域によって実にさ

まざまな効果がみられることが明らかになっている。おそらくこの多様性は、将来の青森県の姿を考える上で、忘れてならないものの1つである。

4．総括

　全体を通して、労働・人口移動、農業（2編）、エネルギー、交通、金融（2編）のテーマをとりあげ、青森県経済の未来像を模索している。このテーマ選択には、私たち弘前大学人文社会科学部のカラーが出ている。自らの足元を重視するスタンスから、本県の基盤である農業について多くのページを割く（ただし分析には現代的手法を交えている）一方で、エネルギーや交通など、未来に向けて注目されるホット・トピックスも手掛けている（ただし分析は手堅いものである）。労働・人口移動や金融を含め、未来への道しるべを適所に配置できたと自負するところである。

　ただし、今回語ることのできなかったテーマもある。生産や労働とともに私たちの生活を構成する重要な要素として、消費生活の未来像は興味深いテーマである。また、相互扶助や財政の将来は重要・重大なテーマであり、語らずに済ますことはできない。これらのテーマは続刊で論じよう。

第1章

人口80万人の青森県経済と労働市場

ポイント

○ 若年者の流出による人口減少は、域内総生産を低下させるだけでなく、労働市場構造を歪ませる。

○ 持続可能な地域社会を作るためには、「呼び戻す、呼び込む」人口政策が欠かせない。

○ ＵＪＩターン政策のキーワードは、「実家」、「住まい」である。

第1章 人口80万人の青森県経済と労働市場

李　永俊

1. はじめに

　本章では、人口減少が地域経済にもたらす影響を地域経済と労働市場に注目し分析を行う。そして、人口80万人時代の青森県で持続可能な地域社会を作るために解決が急がれる課題を明らかにし、その解決策を模索したい。

　人口減少に関する最近の議論では、人口減少＝地域経済の縮小・地域消滅を意味するように聞こえる。しかし、経済学では、人口減少は必ずしも地域経済の縮小を意味するわけではない。もし、労働生産性や資本と労働が十分に代替的であれば、人口が減少しても地域経済は維持され、むしろ1人1人の所得は増加し、経済的にはより豊かな生活が保障される場合もある。

　例えば、人口100人の小さな村を考えてみよう。人口100人の地域総生産額が、1億円であれば、1人あたりの所得は100万円となる。しかし、人口が流出して50人になった場合、もし総生産額が1億円で維持できていれば、1人当たりの所得は200万円となり、人口が減少する前よりも、1人当たりの所得は増加し、経済的には豊かになるのである。いうまでもなく、総生産額が1億円で維持できればというのが大前提である。そこで、本章では青森県経済が人口減少に伴って、どのように変化してきたのかを見てみたい。

　まず、議論の前提となる青森県の人口の推移とその変動理由についてマク

ロデータを用いて確認してみたい。青森県企画政策部の『2018年　青森県の人口』によると、2017年10月1日から2018年9月30日までの1年間の出生者数は8,171人、死亡者数は17,549人で、出生者数と死亡者数の差である自然動態は、9,378人の減少となった。自然動態は、1999年からマイナスに転じ、年々減少幅が上昇している。1999年は減少幅が-0.02で、291人の減少だったのが、2018年は-0.72で、9,378人の減少となっている。18年間で32倍以上に減少幅が拡大している。また、高齢化の進展にともない、しばらくは継続して自然減は拡大する見込みである。

　他方、2017年から2018年までの1年間の県外からの転入者は20,186人、県外転出者は25,908人で、転入者と転出者の差である社会動態は、5,722人の減少となった。社会動態は従来からマイナスで推移している。青森県は古くから、首都圏をはじめ、全国各地に労働力を供給してきた労働力供給県であったことが、この事実からも確認できる。

　このような地方からの都市への人口流出について、ハリスとトダロ（Harris and Todaro（1970））は、人々はより高い賃金を求めて低賃金の地方から高賃金の都市へ移動すると説明している。1950年代半ばから1970年代前半までの高度成長期にこのような移動がよく見られた。彼らが分析対象としていた地域間移動は、地方から都市への一方向の移動であり、都市から地方への移動は想定していない。また、地方から都市への人口移動によって両地域の賃金と失業率は均等化し、その結果として地域間の経済格差は解消して人口移動も抑制されることになると述べている。

　しかし、増田（2014）や大谷・井川（2011）などは、地方圏からの人口流出は高度成長期以降も継続しており、有効求人倍率の格差と人口移動には強い相関関係があると指摘している。このように地方から都市へ継続的に人口が移動してきたにも関わらず、地域間経済格差の解消や人口移動の抑制が見られる兆しはない。むしろ増田（2014）は、2000年以降の地方からの人口流出は、円高による製造業への打撃、公共事業の減少、人口減少等により、地方の経済や雇用状況が悪化したことが要因であると指摘している。

　その他にも、日本の地方圏から都市圏への人口移動を規定する要因につい

ては、太田・大日 (1996)、太田 (2005、2007)、樋口 (1991)、李 (2012) などの研究によって共有できる結論が得られている。それは、地域間の雇用状況と賃金格差が移動の理由であるとする結論である。有効求人倍率と県外就職率が強い相関関係にあることや、都市部との賃金格差が大きい地域からの人口流出が多いことなどは、良く知られた事実である。また、磯田 (2009) や石黒ほか (2012) などは経済的な要因のみならず、進学・就職や人的な関係が移動を決定する重要な要因であることを明らかにしている。このような人口の流出を食い止めるためにどのような対策が可能なのかについては、本章の後半で検討したい。

　本章は、以下のように構成される。まず第2節で、人口減少が青森県の経済にもたらす影響を総生産と労働力構造の面から明らかにする。第3節では、域内総生産を高めるために考えられる政策について検討する。そして、第4節では本章で用いるデータについて述べた後、第5節で若者の移住・定住意向の決定要因を明らかにする。結論は第6節で述べる。

2．人口減少と地域経済

2-1　地域内総生産の推移

　ここでは、人口減少がもたらした青森県の地域経済への影響をマクロ総生産と労働市場の構造変化を通して見てみたい。

　人口減少がマクロレベルでもたらす影響は次の2つに集約される。1つは、資本による労働の代替あるいは「省力化」によって可能とされる労働生産性の向上である。具体的に言えば、ロボットやオートメーションシステムによる生産工程の自動化を通して、労働者一人当たりの生産性を高めることをいう。そして、そのような機械化や自動化がうまく行われなければ、人口の減少が地域経済の縮小、総生産の低下として現れる（水野・小野 (2004)）。

　ある時点における経済全体の総生産は次のように定式化できる。

　　総生産＝時間当たり労働生産性×総労働時間×就業者数

つまり、総生産は地域内の全ての就業者の総労働時間に時間当たりの労働生産性をかけたものである。ここで、就業者は15歳以上人口（労働可能人口）の内、現在就業している者を指すので、次のように表すことができる。

就業者＝就業率×労働力率×15歳以上人口

以上から

総生産＝
　　1人当たり労働生産性×労働時間×就業率×労働力率×15歳以上人口

で表すこととなる。この式から時間の経過にともなう総生産の成長率は次のように表すことができる。

総生産の成長率＝
　　労働生産性要因＋労働時間要因＋労働力率要因＋就業率要因＋人口要因

上式から、ある期間の総生産の成長率は、労働生産性、就業時間、労働力率、就業率、15歳以上人口の変化率の和に等しいことが分かる。総務省『国勢調査』と青森県『県民経済計算』を用いて、青森県の2000年から2015年までの期間を、5年ずつ3つの期間に分けて、5年間の変化率を年率換算して試算した結果が表1-1になる。

　表1-1から、成長率をみると、2000〜2005年の間は-1.22％となっていたのが、2005年以降は1％未満ではあるがプラス成長となっている。その主な要因をみると、生産性の要因が大きく牽引している事実が確認できる。他方、人口要因に注目すると、全ての期間でマイナスとなっており、労働生産性が改善した期間においても、人口減少が総生産の成長率を阻害していることがわかる。また、人口の高齢化などによって労働力率も継続してマイナスを示している。景気浮揚により企業の生産活動が活発になると、求人数が増

第1章　人口80万人の青森県経済と労働市場

加し、就業率が高まる。2010年から2015年は雇用環境の改善が就業率の増加につながっていることが読み取れる。2005年から2010年にかけては、労働生産性が大幅に改善しているにもかかわらず、域内総生産はわずかなプラス成長となった。その最大の要因が、人口減少と高齢化に伴う労働力率低下にあることが表1-1からうかがえる。

表1-1　青森県内総生産成長率および労働投入構成因の変化

（単位：%）

期間	総生産成長率	労働生産性要因	労働時間要因	労働力率要因	就業率要因	人口要因
2000～2005	-1.220	-0.007	0.025	-0.379	-0.634	-0.230
2005～2010	0.248	2.178	-0.522	-0.577	-0.130	-0.673
2010～2015	0.525	0.958	0.000	-0.408	0.793	-0.808

注）年率換算の変化率をパーセントで表示している。
出所）総務省『国勢調査』、青森県『青森県県民経済計算』

　大都市圏と異なり地方の地域経済は、より人口要因と労働力率要因に左右されやすい構造となっている。その最大の理由は、人口の変化要因を緩和させてくれる労働生産性改善が困難であるからである。労働生産性の変化は企業の生産性改善の努力によって達成されるものであるが、中小零細企業が大多数を占めている地方において、そのような生産性の変動を企業努力のみに期待することは困難であるからである。
　また、近年労働生産性改善のカギとして注目されているのはイノベーションである。大竹（2009）が指摘しているように、イノベーションが起きる確率が人口に比例すると仮定するならば、イノベーションが1/10,000（人）の確率で起きるのであれば、青森県は130万人×（1/10,000）で年間130件となる。それに対して、人口3,000万人の東京都では年間3,000件で、青森県の30倍も高いのである。単純に言えば、このような理由からも地方の労働生産性の改善がいかに困難であるかが分かる。労働生産性の改善可能性が少なければ、人口要因がダイレクトに地域経済に響くことになるのである。

人口80万人時代の青森を生きる―経済学者からのメッセージ―

表1-2　労働力の年齢構造の変化

年齢	労働力人口（人）					年齢階級別構成比（％）				
	1980年	1990年	2000年	2010年	2015年	1980年	1990年	2000年	2010年	2015年
40歳未満	375,932	320,620	299,784	248,844	209,862	50.3	42.7	38.9	35.4	31.7
40〜49	177,538	184,472	180,062	149,078	146,108	23.8	24.5	23.3	21.2	22.1
50〜59	128,584	150,935	168,171	161,779	145,381	17.2	20.1	21.8	23.0	22.0
60〜69	52,836	76,220	89,688	101,489	114,345	7.1	10.1	11.6	14.4	17.3
70歳以上	12,159	19,425	33,597	41,478	45,386	1.6	2.6	4.4	5.9	6.9
全年齢	747,049	751,672	771,302	702,668	661,082	100.0	100.0	100.0	100.0	100.0

出所）総務省統計局『国勢調査』

2-2　労働供給構造の変化

　次に域内経済の労働力の投入構造を把握するために、労働供給の構造変化を概観する。労働力率や就業率が男女間、年齢間で異なることはよく知られている。日本においては、女性や高齢者層で労働力率や就業率が著しく低くなっている。総務省の2015年の『国勢調査』によると、青森県の性別人口比率は、男性が614,694人で47.0％、女性は693,571人、53.0％で、女性の割合が6.0ポイント高くなっている。また、男性の労働力率は69.5％であるのに対し、女性は49.5％で男性より約20ポイント低くなっている。また、高齢化にともない男性の労働力率も2000年の73.0％から継続的に減少している。

　労働力率の変化には高齢化の影響が強く表れている。労働力の年齢構成の変化を示したのが表1-2である。表1-2は国勢調査を用いて、1980年から年齢階級別の労働力人口の年齢構造をまとめたものである。まず、40歳未満の層に注目すると、1980年代以降、一貫して人口構成比が減少し、35年間で構成比が18.6ポイントも減少している。他方、60〜69歳層では10.2ポイント、70歳以上の層では5.3ポイント増加している。このような高齢化の進展が労働力人口の減少につながっている。

　また、表1-3は国立社会保障・人口問題研究所の地域別将来推計人口に基づいて作成した青森県の人口構造変化予測である。表1-3から、2015年から約30年後の2045年には70歳以上の老年人口が総人口の41.2％を占める

22

第1章　人口80万人の青森県経済と労働市場

表1-3　人口構造変化予測

| 年齢 | 年齢階級別人口（人） | | | | 年齢構造係数（％） | | | |
	2015年	2025年	2035年	2045年	2015年	2025年	2035年	2045年
40歳未満	308,748	231,007	178,609	133,137	23.6	20.0	18.0	16.2
40〜49	171,130	139,115	100,028	80,080	13.1	12.0	10.1	9.7
50〜59	179,429	164,846	134,789	97,148	13.7	14.2	13.6	11.8
60〜69	215,723	171,070	158,315	130,294	16.5	14.8	15.9	15.8
70歳以上	284,436	318,095	337,270	339,418	21.7	27.5	33.9	41.2
全年齢	1,308,265	1,157,332	993,737	823,610	100.0	100.0	100.0	100.0

出所）国立社会保障・人口問題研究所『日本の地域別将来推計人口（平成30年推計）』

　ことが試算されている。2015年水準のほぼ倍の水準まで増加することが予想されている。他方、40歳未満の人口は、2015年の水準の約4割減の16.2％に止まる予想である。

2-3　産業構造の変化

　前述したように人口の減少や労働供給構造の変化に伴う生産力の低下は、労働生産性の増加によって補うことが可能である。イノベーション以外にも労働者の高学歴化や産業構造の高度化によって、労働生産性は改善されることが期待できる。ここでは、産業構造の変化がどのように見られたのかを確認したい。

　表1-4は国勢調査の産業大分類の就業者人口を用いて、青森県の産業別特化係数を求めたものである。産業別特化係数とは、ある産業の就業者割合が全国平均就業者割合の何倍になっているかを表すもので、その地域で強みのある産業の特化係数は1.00以上となる。表1-4から青森県に強みがある産業で目立つのは農業・林業であることが分かる。2015年の時点で全国の農業・林業の就業者割合が3.5％であったのに対し、青森県は10.8％で、全国より3.07倍も高くなっている。その他に特化係数が1.00を超えている部門は、公務（他に分類されないもの）1.63、建設業1.29、電気・ガス・熱供給・水道業1.04、卸売・小売業、飲食店1.02の4部門となっている。

　また、2000年以降の変化に注目すると、農業・林業の特化係数が継続し

23

て増加していることが注目される。他方、金融・保険業は地方の人口減少による経営環境の悪化にともなう合理化と金融機関統廃合で、特化係数が縮小している。

表1-4 産業別特化係数の推移

	2005年	2010年	2015年
農業・林業	2.798	3.069	3.073
建設業	1.251	1.288	1.288
製造業	0.599	0.635	0.632
電気・ガス・熱供給・水道業	0.886	1.001	1.041
情報通信業	0.370	0.314	0.331
運輸業・郵便業	0.883	0.901	0.896
卸売・小売業、飲食店	0.974	0.994	1.015
金融・保険業	0.878	0.870	0.850
不動産業、物品賃貸業	0.432	0.544	0.539
宿泊業・飲食サービス業	0.887	0.912	0.882
公務（他に分類されないもの）	1.604	1.631	1.626

出所）総務省統計局『国勢調査』

　ここまで、人口減少が地域経済にどのような影響を与えているのかを概観した。域内からの若年者の流出は、労働市場の高齢化をもたらし、人口の減少だけでなく、労働力率の低下、就業率の低下を招いた。また、労働市場の高齢化は産業構造の高度化を妨げる結果となり、労働生産性の増加を抑制した。その結果、労働生産性が人口減少にともなう域内経済への影響を帳消しにするほど伸びず、地域の域内総生産を低下させ、地域経済の縮小を招いた。また、人口減少による地域経済の縮小は雇用の場を奪い、新たな流出を招く結果となる。このように、ある一人の住まいの選択行為が、無関係な他人の雇用の場を奪い、移動せざるを得ない状況を強いることを経済学では負の外部性という。

　このような人口減少による負の外部性は、住まいの選択という個人にとって極めて重要な人権を制限することになる。また、そのような選択権の制約

第1章　人口80万人の青森県経済と労働市場

が一部の地方のみに発生することは生まれる場所を選択できない個人にとっては機会の平等という観点からも憂慮すべきことである。このような現実を改善するために、どのような対策が可能であろうか。

3. 域内総生産を高める政策

　ここでは、人口減少が続く中で、持続可能な地域社会を作るために必要な域内総生産を維持もしくは増加させる具体策について検討してみたい。前述したように、域内総生産は、①労働生産性要因、②労働時間要因、③労働力率要因、④就業率要因、⑤人口要因で決定されている。

　まず、労働生産性要因から見てみよう。前述したように地方においては、技術開発に十分な資金の投資が困難な中小零細企業の割合が高いことと、イノベーションの可能性が少ないこと、技術革新が期待しにくい産業への依存度が高いことが労働生産性の改善を妨げている。このような脆弱な条件のもとでどのように労働生産性の向上を成し遂げることが出来るのだろうか。

　1つの可能性は、地方の大学にある。青森県内の大学には地域の強みに特化した研究に専念する研究者が多数いる。このような研究者と技術投資が困難な中小企業との連携や、そのような連携を支援する行政や地域金融機関の役割も重要である。また、より良いマッチングが行われるための、研究者側の情報発信や研究者と企業関係者の出会いの場づくりなどが求められる。

　そして、もう一点指摘したいのは、教育投資である。労働市場における高学歴者の割合が低いことも労働生産性を低下させる要因の1つであると思われる。高等教育機関の卒業者の割合が、全国平均では32.2%であるのに対し、青森県は18.3%に過ぎない。その背景には、進学率が低いことと、東京などに進学した若者が帰県する率が低いこと、そして県内の大学を卒業した若者が県外で就業していることも影響していると思われる。2015年3月卒業者の内定状況を見ると、就職内定者2,244名のうち、県内の企業に内定している者は749名で、内定者の33.4%に過ぎない。

　前述したように、イノベーションにつながる新しいアイデアを持った人が生まれる確率は人口に比例する。そのため、人口減少はアイデアの発生数そ

25

のものが減少することを意味する。しかし、教育によって新しいアイデアを生み出す確率を高めれば、イノベーションによる労働生産性の向上が期待できる。そのためには、地域全体の進学率の向上や教育環境の整備、そして進学のために流出した若者が地元に戻って活躍できるような移住・定住促進策が重要な政策となりうる。

次に考えられるのは、就業時間の延長である。言うまでもなく就業時間の延長は少子化に拍車をかけることになり、将来の人口減少を招く原因となりうる。また、労働力率と就業率を高めることについては、高齢者や女性の労働力率や就業率を今後高めることは可能だとしても、総人口に占める老年人口の割合が21.7%（2015年国勢調査）にも達している現状では、限界があると思われる。

最後に考えうる手段は、15歳以上の人口を増加させることである。具体的な方法として、まず考えられるのは、外国人労働者を受け入れる方法である。しかし、2019年4月からスタートした外国人労働者を受け入れる新制度のもとでも、外国人労働者の都市部への集中が大きな問題となっている。外国人労働者に選ばれる地域になるためには、生活環境や労働環境の整備が急がれる。

次に考えられる方法は、地域の人口再生力を高めることである。ただし、青森県においては、若年者の流出による未婚化、晩婚化によって地域内の人口再生力は低下している。図1-1は国勢調査を用いて作成した3つの年齢階級別の本県の人口動向である。増田（2014）の人口減少段階では、第1段階の「老年人口増加＋生産・年少人口減少」の段階にいる。しかし、年少人口の減少幅は大きく、1980年を100にした場合、2015年は40.4で、35年間で半分以下になったことが分かる。そのため、合計特殊出生率の劇的な回復がなければ、域内からの人口流出を食い止めるだけでは人口の回復は期待できない水準に達していると言える。また、合計出生率が劇的に回復したとしても、15歳以上の人口を押し上げるためには時間が必要となり、短期的な効果は期待できない。

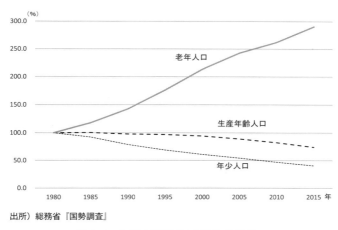

出所）総務省『国勢調査』

図1-1　年齢3階級別人口割合の推移

　15歳以上の人口を増加させる方法として次に考えられるのは、増田(2014)が積極的な人口減少対策として取り上げた「人口の再配置」である。それは大都市圏への人口流入の流れを変える取り組みである。そのため、大都市に出た若者を地方に「呼び戻す、呼び込む」ための政策が求められる。このような人口の配置は、地方圏の人口過少状態の改善のみならず、大都市圏の人口過密状況の改善にも重要な役割を果たし、マクロ全体の人口増加につながると増田(2014)は指摘している。

　そこで、ここからは他地域へ移住している地元民をU・Jターンで「呼び戻す」、そして他地域からのIターンを「呼び込む」ためのUJIターンの決定要因と具体的な移住促進策について検討したい。

4．移住者の特徴

4-1　データと移住の定義

　ここで用いるデータは弘前大学地域未来創生センターによる調査・研究事業の一環として実施した「中南津軽地域住民の仕事と生活に関する意識調査」の結果である。調査対象地域は、弘前市とその周辺の市町村を含む「中

南津軽地域」である[1]。弘前市は青森県内で唯一の国立大学を有する学園都市であり、人口規模は約18万人である。また、周辺地域はリンゴ生産を中心とした農村地域である。

　調査は2015年2月に実施され、選挙人名簿から人口比に沿って層化2段抽出法で抽出した20歳から70歳の男女1,880名を調査対象者とした。郵送記入・郵送回答方式で行われ、回答総数は1,000票であった[2]。本章では、性別または年齢不明者（29名）、有配偶女性（367名）と現在学校に通っている者（18名）を取り除いた586名を分析対象とする[3]。

　次に本章で用いる「移住」の定義を行う。本章では、移住と移動は同義として扱い、移動のパターンによって次の5つの「移動タイプ」に分類する。①対象地域外での生活経験を持たない「定住者」、②出身地以外での生活経験を持ち、現在出身市町村で生活している「Uターン者」、③出身地以外での生活経験を持ち、現在出身市町村以外の地域内で生活をしている「Jターン者」、④中南津軽地域外から調査対象地域に移住し、生活している「Iターン者」、⑤調査区域外の青森県内からの移住者である「県内流入者」、の5つである[4]。

4-2　移住者の特徴

　ここでは記述統計を用いて、移住者の特徴を概観したい。表1-5は移動タイプの人口構成比を属性別に整理したものである。

　男女間で移動タイプ構成比の違いに注目すると、Uターン者の割合に大きな違いがある。女性に占めるUターン者の割合は、男性よりも16.4ポイント高くなっている。増田（2014）は、地方からの女性の流出が地域の持続可能

---

[1] 中南津軽地域には、弘前市、黒石市、平川市、西目屋村、藤崎町、大鰐町、田舎館村の7市町村が属している。

[2] 調査内容の詳細については、李ほか（2015a、2015b）を参照されたい。

[3] 有配偶女性については、移動の意思決定が配偶者の意向に左右される場合が多いことが予想されるので分析対象から取り除いた。また、在学中の者を分析対象から取り除いたのは、本章では対象者の経済社会的環境に注目しているためである。

[4] ここでいう出身地は、卒業した中学校の所在地をいう。

第1章　人口80万人の青森県経済と労働市場

性を脅かす重要な課題であると指摘しているが、この結果からは流出した女性の一定割合が回帰している事実が確認できる。

表1-5　属性別移動タイプ構成比

(単位：%)

属性		人数	定住者 （268名）	Uターン者 （196名）	Jターン者 （28名）	Iターン者 （26名）	県内流入者 （54名）	検定 結果
性	男性	410	55.1	19.4	4.4	7.3	13.7	***
	女性	176	42.0	35.8	5.7	6.2	10.4	
年齢	20～29歳	53	66.3	17.5	0.0	10.0	6.3	
	30～39歳	102	48.1	26.6	5.2	5.8	14.3	
	40～49歳	117	48.3	26.4	5.0	9.0	11.4	n.s.
	50～59歳	145	49.4	25.7	5.8	5.0	14.1	
	60～70歳	169	46.7	29.4	5.4	6.5	12.0	
学歴	中卒以下	50	52.1	31.0	9.9	0.0	7.0	
	高卒	319	54.5	24.9	4.7	5.1	10.8	***
	短大・専門学校卒	104	51.8	22.3	4.9	5.8	15.2	
	大学・大学院卒	112	31.3	34.3	3.6	15.7	15.1	
婚姻	未婚	284	52.3	32.7	3.7	3.7	7.7	***
	既婚	300	48.3	23.4	5.5	8.3	14.5	

注）　性、学歴、婚姻における移動タイプの差異について、カイ二乗検定により1％水準で有意（p＜0.001）である。***は1％水準で有意。学歴および婚姻の不明者はそれぞれ1名、2名である。

　年齢階級間での違いについて、カイ二乗検定で有意な差は認められなかった。ここから指摘したいのは、世代別に見て移動タイプの人口構成は変わらないことである。30代以上において、その約3割がUJターン者である。また、全ての世代でIターン者は1割以下である。もう一点指摘したいのは、移動タイプの人口構成が30代以上で安定することから、地域間の移動は20代までで完結しているという実態である[5]。

　学歴別の構成比においては、Iターン者の高学歴者比率が高いことが注目される。人的資本理論によれば、教育投資は期待賃金を高めている。また、地域間賃金格差は平均賃金水準が高いほどその差が大きくなる。そのため、

5　質問紙では、「その地域から、現在お住まいの地域に移ってきたのはいつごろですか」を聞いており、移動時の年齢については特定できる。ただし、婚姻や子供の有無などは聞いていないので、ライフステージについては特定できない。

29

高学歴者の移動性向は高いことが予想される。ただし、李（2012）が指摘しているように、大学院卒者以上においては地域間の賃金の格差がほとんど見られず、住む場所を問わず一定の所得が保証される。Ｉターン者の高学歴者が多いのは、この地域においても人的資本に見合う所得が保証される職場があるためであると思われる。

5．移住の理由、可能にした条件、直接のきっかけ

　ここでは、移住（ＵＪＩターン）の理由、それを可能にした条件、直接のきっかけについて分析を行う。地方に移住しようと希望していても、実際に移住をすることは容易なことではない。移住には、引っ越し費用や交通費などの直接的な費用のみならず、転職が必要な場合は職探しに伴う機会費用なども必要である。また、家族がいる場合には、教育機関の手配や配偶者の職探しなど生活に必要な様々な問題が発生する。もちろん経済的な費用のみならず、今まで築いてきた人間関係を失うことや、知らない土地での生活に対する不安感など、心理的な費用も数多く発生する。そのため、何らかの理由で地方への移住を希望していても、条件が整わなければ移住することはできない。また、条件がいくら整っていても、実際行動に移す直接的なきっかけがなければ、行動することはない。まずは、移動タイプ別に移住理由を詳細に見てみたい。

　表1-6は、現在の地域に引っ越してきた理由を移動タイプ別に整理したものである。この地域の出身者であるＵＪターン者の場合、「実家に戻ったから」を挙げている者が最も多く、ＵＪターン者210名の73.5％にのぼる。その次に多いのは、「仕事場・通学先に近いから」、「実家に近いから」となっている。一方、Ｉターン者と県内流入者において最も多いのは「仕事場・通学先に近いから」で、Ｉターン者の61.5％、県内流入者の56.3％が該当する[6]。

---

[6]　Ｉターン者のなかで「実家に戻ったから」を挙げている者は、定義で用いた卒業した中学校の所在地は青森県外となっているため、おそらく中学校卒業後に実家がこの地域に引っ越してきたと思われる。

第1章　人口80万人の青森県経済と労働市場

表1-6　移動タイプ別の移住理由（複数回答）

タイプ別の移住理由	UJターン者(210)		Iターン者(26)		県内流入者(32)	
	人数(人)	割合(%)	人数(人)	割合(%)	人数(人)	割合(%)
実家に戻ったから	161	73.5	5	19.2	7	21.9
実家に近いから	22	10.0	0	0.0	2	6.3
配偶者の実家で同居するから	8	3.7	3	11.5	4	12.5
配偶者の実家に近いから	7	3.2	3	11.5	1	3.1
仕事場・通学先に近いから	34	15.5	16	61.5	18	56.3
配偶者の仕事場・通学先に近いから	5	2.3	1	3.8	0	0.0
買い物に便利だから	8	3.7	1	3.8	2	6.3
娯楽施設があるから、趣味の活動に便利だから	2	0.9	0	0.0	0	0.0
交通の便がよいから	4	1.8	0	0.0	2	6.3
子どもの学区や通学の便を考えて	9	4.1	0	0.0	1	3.1
その他、子どものことを考えて	9	4.1	0	0.0	1	3.1
友人や恋人がいた	8	3.7	0	0.0	2	6.3
地域の活動や行事に参加していた、してみたかった	2	0.9	0	0.0	0	0.0
地域の住民に魅力があった	0	0.0	0	0.0	1	3.1
自然環境、居住環境に魅力があった	10	4.6	4	15.4	6	18.8
その他	6	2.7	1	3.8	0	0.0

注）表1-5とサンプルサイズが異なるのは、移住理由の無回答者を取り除いたからである。

　次に、移動を可能にした条件に注目してみたい。Iターン者と県内流入者の場合、「勤務先に、支店や支部があった」、「転職して、定職に就く見込みがあった」など仕事関連の条件が圧倒的に高かったため、ここではUJターン者にしぼって検討したい。その際、どのようなライフステージで移住を検討しているのかによって、移住を可能にした条件が大きく異なると考えられる。ここで用いたデータでは、移動時期のライフステージを特定する指標が含まれていないため、移動時の年齢のみで区分して分析を行う[7]。ここではライフステージが大きく変わる第1子の平均出産年齢が30.01歳であることを考慮し、移動時の年齢が30歳未満の者と30歳以上の者に分けて、移住を可

---

[7]　ここでいうライフステージは、婚姻前か否か、子どもがいるかいないかなどを指している。特に結婚前か否かについては、配偶者の出身地などに大きく影響するものである。配偶者の属性については江崎ほか（1999、2000）が指摘しているように移動を左右する重要な要因になりうる。

人口80万人時代の青森を生きる―経済学者からのメッセージ―

能にした条件を整理した[8]。その結果が表1-7である。

表1-7　ＵＪターンを可能にした条件

UJターンの条件	合計 (210)		30歳未満移動 (123)		30歳以上移動 (87)	
	人数(人)	割合(%)	人数(人)	割合(%)	人数(人)	割合(%)
実家に住むことが出来た	139	66.2	90	73.2	49	56.3
実家以外に、住む家や土地があった	20	9.5	8	6.5	12	13.8
実家から、生活について援助が受けられた	24	11.4	16	13.0	8	9.2
親戚から、生活について援助が受けられた	0	0.0	0	0.0	0	0.0
友人、知人、恋人から、生活について援助が受けられた	2	1.0	2	1.6	0	0.0
引っ越すことについて、家族の理解があった	22	10.5	11	8.9	11	12.6
勤務先に、支店や支部があった	25	11.9	8	6.5	17	19.5
転職して、定職に就く見込みがあった	34	16.2	21	17.1	13	14.9
定職に就けなくても、生活していける見込みがあった	11	5.2	6	4.9	5	5.7
子どもが自立していた	1	0.5	0	0.0	1	1.1
生活のコストが安かった	6	2.9	2	1.6	4	4.6
自治体による移住支援があった	0	0.0	0	0.0	0	0.0
その他	3	1.4	2	1.6	1	1.1

　まず注目されることは、移動時期に関わらず「実家に住むことが出来た」ことが移住を可能にした最も重要な理由となっている点である。西野（2009）が指摘しているように、出身地への帰還が移住の最大の理由であることは本調査の結果においても一致している。石倉（2009）は、移住者の4分の3が移住後の早い段階で親との同居を選択していることを明らかにしている。しかし、表1-7が示しているように、実家に住むことが移住を可能にした条件となっており、同居することを前提に移住していることが分かる。また、30歳までに移住している者においてその傾向が強く、地元への回帰が居住場所の確保、あるいは親からの経済支援を頼りに移住している。また、30歳以上においても「実家に住むことが出来た」を挙げる者は多く、住まいが地域に人を呼び込むプル要因となっている。

　次に、表1-8で移住の直接的なきっかけを見てみよう。先ほどと同様の

8　平均出産年齢は国立社会保障・人口問題研究所『人口問題研究2015』による。

第1章　人口80万人の青森県経済と労働市場

理由により、ＵＪターン者にしぼり、かつ移動時の年齢を30歳で区切る形で検討したい。まず、移動時期を問わず「仕事を自分から辞めた」をきっかけとする者は多い。特に、「実家に住むことが出来た」を条件として挙げた者に限れば、29.4％が仕事を自ら辞めて移住を選択している。その他、「特に問題ないが、親に実家に戻るように言われた」が16.9％となっており、居住場所がある場合は、自ら積極的な移住を選択していることが分かる。この点は移住促進策を考える際に、大変重要な意味を示唆している。実家の存在は住まいとして地方へのプル要因になっていることが分かる。

　次に、個人属性や社会経済環境によって移住を可能にした条件がどのように異なっているのかを明らかにしたい。被説明変数として実家ダミーと仕事ダミーを用いて、ロジット分析を行うことにする。実家ダミーは実家からの

表1-8　ＵＪターンのきっかけ

ＵＪターンのきっかけ	合計 (210)		30歳未満移動 (123)		30歳以上移動 (87)	
	人数 (人)	割合 (％)	人数 (人)	割合 (％)	人数 (人)	割合 (％)
家族が怪我や病気をした	15	6.9	7	5.7	8	9.2
家族の介護が必要になった	10	4.6	3	2.4	7	8.0
実家の家族に問題が発生した	11	5.1	9	7.3	2	2.3
特に問題はないが、親に実家に戻るように言われた	28	13.0	13	10.6	15	17.2
自分が結婚した	6	2.8	3	2.4	3	3.4
子どもが生まれた	3	1.4	2	1.6	1	1.1
子どもが小学校や中学校にあがった	1	0.5	0	0.0	1	1.1
子どもが高校に進学した	0	0.0	0	0.0	0	0.0
家を買った	2	0.9	1	0.8	1	1.1
学校を卒業した	26	12.0	23	18.7	3	3.4
今の地域、またはそこから通える範囲に就職した	16	7.4	11	8.9	5	5.7
転勤や配置転換	34	15.7	14	11.4	20	23.0
転職先が青森県内で見つかった	20	9.3	10	8.1	10	11.5
自分が怪我や病気をした	8	3.7	5	4.1	3	3.4
仕事を自分から辞めた	53	24.5	34	27.6	19	21.8
解雇された／契約が切れた	13	6.0	4	3.3	9	10.3
友人や仲間に誘われた	2	0.9	2	1.6	0	0.0
親戚に誘われた	0	0.0	0	0.0	0	0.0
その他の知人に誘われた	2	0.9	1	0.8	1	1.1
移住支援事業など、自治体の働きかけがあった	0	0.0	0	0.0	0	0.0
その他	11	5.1	4	3.3	7	8.0

援助を示すダミー変数で、「実家に住むことが出来た」、「実家以外に、住む家や土地があった」、「実家から、生活について援助が受けられた」の条件を挙げた者を1、それ以外を0とするダミー変数である。仕事ダミーは「転職先に、支店や支部があった」、「転職して、定職に就く見込みがあった」を条件とした者を1、それ以外を0とするダミー変数である。

　説明変数は個人属性として、男性ダミー、年齢、既婚ダミー、学歴ダミーを用い、就業と生活状況について、自営業ダミー、非正規雇用ダミーと年収の対数値を用いた。そして、移動時期の特徴を示すものとして、若年時移住者ダミー（30歳未満の移住を示す）と事前就職ダミー（移動前に就業先を決めていたか否かを示す）を用いた。さらに移動タイプを示すダミーを加えることにした。

　その分析結果は表1-9の通りである。注目されるのは移動時期の特徴である。実家からの援助を理由に移住した者の個人属性の特徴としては、既婚ダミーの係数が負で、有意になっており、独身に多く見られることが分かった。また、就業形態としては自営業者が多いことが分かる。移住時期については、30歳未満の若年時移住者ダミーが正で有意になっており、早い段階で移住している者が多い。事前就職ダミーは係数が負で有意である。つまり、実家の援助を条件に移住している者は、移住前に仕事を決めずに、移住後に仕事を探していることが明らかになった。他方、仕事を条件に移住している者については、事前就職ダミーが正となっており、仕事が決まったから移住しているということが分かる。そして、実家を条件に移住している者の多くはUターン者である。学歴ダミーや年収の対数値は統計的に有意な結果が得られなかった。高学歴者や高所得者は実家への依存度が低いことが予想されるが、この結果はそのような想定を支持しなかったことを意味する。

　以上の結果から、実家という住まいや実家からの経済援助を条件に移住している者は、移住が先、仕事が後となっており、移住促進策を検討する際に重要な論点となりうる。

第1章 人口80万人の青森県経済と労働市場

表1-9 移住条件のロジット分析

	実家ダミー			仕事ダミー		
	係数	標準誤差		係数	標準誤差	
男性ダミー	0.435	0.545		-1.710	0.847	*
年齢	-0.010	0.017		0.003	0.022	
既婚ダミー	-1.144	0.469	**	0.258	0.663	
短大・専門卒ダミー	-0.096	0.450		-0.264	0.709	
大卒・大学院卒ダミー	-0.395	0.404		0.693	0.537	
自営業ダミー	0.805	0.486	*	-1.403	0.749	*
非正規雇用ダミー	0.200	0.469		0.297	0.644	
若年時移住者ダミー	0.609	0.344	*	-0.369	0.475	
事前就職ダミー	-0.758	0.356	**	3.184	0.630	***
年収の対数値	-0.298	0.272		0.622	0.402	
Uターンダミー	1.289	0.375	***	-0.206	0.515	
Iターンダミー	-0.911	0.787		0.120	0.756	
定数項	1.749	1.745		-5.702	2.582	**
サンプルサイズ	218			218		
類似決定係数	0.2212			0.3177		

注）＊は10％水準、＊＊は5％水準、＊＊＊は1％水準で有意であることを意味する。

6. 移住・定住支援の新たな試み─結びにかえて

　ここまで見てきたように、地方における若年者の流出による人口減少問題は、地域経済の総生産を低下させるのみならず、労働市場構造をも歪ませ、高齢人口の増加による労働力率の低下をもたらしている。また、産業の高度化を妨げ、労働生産性の向上を抑制する原因となっている。そして、地域内の経済の縮小は雇用の場を奪い、新たな流出を招いている。このような地域経済縮小の悪循環から抜け出すためには、増田（2014）で指摘している「人口の再配置」が鍵となる。今まで地方から都市へと流れていた人口移動の流れを都市から地方へと移動方向を変えることである。

　本章の後半では、都市から地方への人口移動の決定要因について分析を行った。分析の結果、都市から地方への移動を促進するためのキーワードとして次の2つが挙げられる。1つは、「地元」である。全国各地域において、

35

人々が生活する上で、強みや良さだけでなく、不便さを実感することがある。このような両側面は、通りすがりの観光では十分に理解できず、これらを知るためには滞在経験が重要である。滞在経験を持つ地元出身者を移住のターゲットとすることが政策の有効性を高めることになる。

　もう１つのキーワードは「住まい」である。移住を可能にする第一の条件は、仕事であると思いがちであるが、実は仕事より「住まい」をより重視していることを忘れてはならない。前節で述べたように、「実家」の存在を条件に移住してきた者は、ワークライフバランスの満足度や幸福度は有意に高くなっており、移住に満足している様子がうかがえる。この側面を移住促進策に十分に考慮する必要があると思われる。

＊本章は財務省財務総合政策研究所『フィナンシャルレビュー』2017年第３号の「地方回帰の決定要因とその促進策―青森県弘前市の事例から―」をもとに、加筆・修正を施したものである。元原稿の使用を快諾していただいた財務省財務総合政策研究所および杉浦裕晃氏には心より感謝申し上げたい。

【参考文献】

石倉義博（2009）「地域からの転出と「Ｕターン」の背景」東大社研・玄田有史・中村尚史編『希望学［3］希望をつなぐ―釜石からみた地域社会の未来』東京大学出版会、pp.205-236

石黒格・李永俊・杉浦裕晃・山口恵子（2012）『「東京」に出る若者たち―仕事・社会関係・地域間格差』ミネルヴァ書房

磯田則彦（2009）「高等教育機関への進学移動と東京大都市圏への人口集中」『福岡大学人文論叢』41巻３号、pp.1029-1052

江崎雄治・荒井良雄・川口太郎（1999）「人口還流現象の実態とその要因―長野県出身男性を例に―」『地理学評論』72A-10、pp.645-667

江崎雄治・荒井良雄・川口太郎（2000）「地方圏出身者の還流移動―長野県および宮崎県出身者の事例―」『人文地理』52-2、pp.190-203

太田聰一・大日康史（1996）「日本における地域間労働移動と賃金カーブ」『日本経済研究』32号、pp.111-132

太田聰一（2005）「地域の中の若年雇用問題」『日本労働研究雑誌』539号、pp.17-33

太田聰一（2007）「労働市場の地域間格差と出身地による勤労所得への影響」樋口美雄・瀬古美喜・慶應義塾大学経商連携21世紀COE編『日本の家計行動のダイナミズム［Ⅲ］―経済格差変動の実態・要因・影響』慶應義塾大学出版会

第1章　人口80万人の青森県経済と労働市場

大竹文雄（2009）「人口減少の政治経済学」、津谷典子・樋口美雄編『人口減少と日本経済』日本経済新聞出版会

大谷剛・井川静恵（2011）『非三大都市圏へのU・Iターンの促進とU・Iターン者を活用した内発的雇用創出活性化に係る研究』労働政策研究報告書、No.134、pp.1-91

西野淑美（2009）「釜石市出身者の地域移動とライフコース」東大社研・玄田有史・中村尚史編『希望学［3］希望をつなぐ―釜石からみた地域社会の未来』東京大学出版会、pp.163-204

樋口美雄（1991）『日本経済と就業行動』東洋経済新報社

増田寛也編著（2014）『地方消滅―東京一極集中が招く人口急減』中公新書

水野朝夫・小野旭編（2004）『労働の供給制約と日本経済―シリーズ・人口学研究5』原書房

李永俊（2012）「地域間移動から若者が得る経済的な利益」石黒ほか『「東京」に出る若者たち―仕事・社会関係・地域間格差』ミネルヴァ書房、pp.47-90

李永俊・他（2015a）「中南津軽地域住民の仕事と生活に関する調査報告書」、弘前大学地域未来創生センター

李永俊・他（2015b）「東青地域住民の仕事と生活に関する調査報告書」、弘前大学地域未来創生センター

Harris, J.R. and M.P.Todaro（1970）"Migration, Unemployment and Development: A Two-Sector Analysis", *American Economic Review* 60, pp.126-142

第2章

人口減少時代の青森農業

ポイント

○ 農業就業者と総農家の減少が加速する一方で、農家経営規模の二極分化が進む。

○ 米の売上高とそのシェアは大幅に低下し、逆に野菜、果実、畜産のそれが拡大している。

○ リンゴ産業の課題解決策として、省力と早期結実かつ多収という利点のある高密植栽培の導入を提案したい。

第2章　人口減少時代の青森農業

黄　孝春

1．はじめに

　戦後日本の農業は高度経済成長や、農産物輸入の自由化、国内農政の転換などを経験しながら、大きな変貌を遂げてきた。今後一層の農業就業人口の減少と高齢化が予想される中、農業の進路に関心が集まっている。本章は国内で有数の農業地域とされる青森県の事例を取り上げる。ここ四半世紀における青森農業の推移と到達点を検証して将来展望の糸口にすることが本章の目的である。

　青森農業を検討する基礎データとして、農林業センサスがある（2005年までは農業センサス）。また農林業センサスを主なソースとして取りまとめた『図説　農林水産業の動向』（青森県農林水産部、各年版）が公刊されている。また近年の研究成果として横山（2010）と泉谷（2003）が挙げられる。前者は北東北三県（青森県、秋田県、岩手県）の農業経済について比較分析しているのに対して、後者は青森県に焦点を当て、県内農業の地域性について詳しく考察している。本章はこれらの先行研究の成果を踏まえ、最新のデータに基づき、2015年までの青森農業構造の変化及びその特徴を明らかにしたい。

　第2節は、主要農業指標を手掛りに1990年以降青森農業の推移の実態を

描き出したい。主に耕地面積、耕種別産出額、農業就業者、農家所得などの項目から検討する。

第3節は、泉谷（2003）によりながら、県内6つの農業地域における農業構造の変化について1970年、2000年と2015年という3つの時点に分けて検討し、青森農業の地域性とその変動の実態を明らかにしたい。

第4節は、青森農業の基幹作物の1つであるリンゴを取り上げる。競争力を持つとされるリンゴ産業はどのような課題に直面し、そしてどのような生き残り策があるのか、具体的な提案まで行いたい。

2．平成時代の青森農業と農民

2-1 基本状況

青森県の人口は1920年代に80万人に達し、それ以降は増え続け、1985年の152万人をピークに、以降減少に転じた。図2-1に示されるように、1990年から2000年までの総人口は10年で7,000人の微減にとどまっていたが、2000年あたりから、人口の減少は加速し、毎年平均約1万人となっている。また国立社会保障・人口問題研究所が行われた「将来推計人口」（2018年3月推計）によると、今後2015年から2045年までには37％減少し、約82万人になる見込みだという。80万人が152万人まで増えるには約60年かかっ

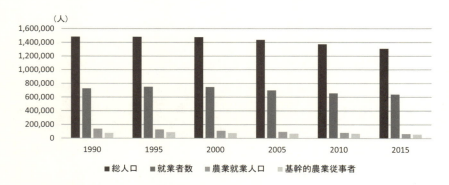

出所）『図説　農林水産業の動向』青森県農林水産部、各年版

図2-1　青森県総人口・就業者数・農業就業数の推移

第2章 人口減少時代の青森農業

た。その予測が当たれば、再び80万人まで戻るにも同じ年月を要する計算になる。

就業者数は1990年頃、総人口の約半分で推移していたが、2000年以降、総人口の半分を下回ることになった。そのうち、農業就業人口[1]は1990年の12.9万人から2015年の6.4万人に激減し、就業者数に占める割合も17.8％から10.1％まで下がった。

耕地面積は1990年の16.8万haから2015年の15.3万haに減少し、毎年約600haの減少になっている（表2-1）。田と畑はともに減少しているものの、畑に比べ、田の減り方が大きい。また畑のうち、樹園地と牧草地が少し

表2-1 青森県における主要農業指標

区分	単位	1990	1995	2000	2005	2010	2015
耕地面積	ha	168,700	166,700	162,800	159,200	156,800	153,300
農業産出額	億円	3,270	3,193	2,648	2,797	2,751	3,068
米	％	32.9	34.6	24.4	21.9	14.9	13.8
果実	％	19.8	19.5	21.6	25.8	27.1	27.9
野菜	％	18.1	19.4	22.9	21.1	23.4	24.5
畜産	％	23.4	20.3	23.7	25.4	29.7	29.7
総農家数	戸	87,996	78,592	70,301	61,587	54,210	44,781
自給的農家数	戸	12,090	10,707	10,305	10,797	10,896	9,915
販売農家数	戸	75,906	67,885	59,996	50,790	43,314	34,866
専業農家数	％	14.7	15.4	17.4	23.2	30.4	38.5
一種兼業農家	％	27.5	32.9	28.2	28.4	23.7	21.2
二種兼業農家	％	57.8	51.7	54.4	48.4	45.8	41.1
1戸当たり農家総所得	千円	7,227	7,485	6,798	4,299	3,676	4,281
農家所得	千円	5,306	5,921	5,192	3,196	2,345	2,617
農業所得	千円	1,412	1,727	1,273	1,710	1,407	2,126
農外所得	千円	3,984	4,194	3,920	1,483	937	490
年金収入等	千円	1,971	1,564	1,606	1,103	1,331	1,664
農業依存度	％	26.6	29.2	24.5	53.5	60.0	81.2

出所）図2-1と同じ

---

1 農業従事者のうち、農業に主として従事している者。なお、ここの農業従事者とは満15歳以上の世帯員のうち、1年間に自営農業に従事した者を指す。

ずつ減り続けてきたのに対して、普通畑が逆に増えている。

農業産出額は総じて減少傾向にあったが、近年、農産物価格の上昇を受け、一定の回復がみられる（表2-1）。部門別農業産出額の割合をみると、1990年代前半総産出額の30％以上を占めていた米が、現在10％台にまで落ち込んでいる。一方、野菜、果実、畜産は年によって若干の変動があるものの、傾向として増加している。

以上のように、1990年以降、青森の農業就業人口の激減に比べ、耕地面積の減少幅はそれほど急激ではなかった。他方、減反政策や1995年の食糧法施行による米流通の大幅自由化と米の価格下落によって米中心の地位が後退し、2000年代前半になると、米、野菜、果実と畜産がバランスの取れた作目の構成[2]に変わり、その後、米価のさらなる低迷で、野菜、果実と畜産を中心とする品目構成へシフトしている。

2-2　農業の担い手

表2-1に示されるように、青森県の総農家数[3]は1990年から2015年までの25年間、87,996戸から44,781戸まで半減した。総農家数は自給的農家数と販売農家数の合計である。自給的農家とは経営耕地面積が30アール未満かつ農産物販売金額が50万円未満の農家を指すのに対して、販売農家とは経営耕地面積が30アール以上または農産物販売金額が50万円以上の農家のことである[4]。総農家数の激減は主に農業の主な担い手である販売農家の減少で、自給的農家の減少は比較的軽微にとどまっている。その結果、自給的農家数

---

[2] 先行研究はそのことについて言及している。たとえば、泉谷（2003）は「それまでの米とリンゴの二本立て農業から急激な野菜の増加と米価格の低下によって、米、リンゴ、野菜、畜産の四本立て農業に変化した」（9頁）と指摘し、また神田（2010）は同じ時期の岩手県、秋田県に比べ、「青森県の農業産出額の落ち込みが他県より多少とどまっている理由は、水田、果樹（リンゴ）、畑作（野菜）、畜産の四大部門がほぼ均等の割合」（231頁）にあったためとしている。

[3] 農家とは経営耕地面積が10アール以上の農業を営む世帯または10アール未満であっても調査期日前1年間における農産物販売金額が15万円以上あった世帯のことである。農業センサスは1990年からこの定義を採用している。

[4] 自給的農家と販売農家に関するこの定義は1990年の農業センサスから変更していない。

と販売農家数の割合は1990年に13.7％：86.3％であったものが、2015年に22.1％：77.9％に変わり、自給的農家数の割合は増えているのである。

　販売農家については専兼業区分と主副業区分[5]がある。専兼業区分では、世帯員の中には兼業従事者が一人もいない農家が専業農家、世帯員の中には兼業従事者が一人以上いる農家が兼業農家と分類される。また兼業農家はさらに農業所得を主とする第1種兼業農家と、農業所得を従とする第2種兼業農家に分けられている。

　専業農家、第1種兼業農家と第2種兼業農家の割合は1990年、それぞれ14.7％、27.5％、57.8％であった。農業への依存度が小さい農家ほど農家数に占める割合が高かったが、2015年にそれが38.5％、21.2％、41.1％と変わり、専業農家の大幅増加と第2種兼業農家の大幅減少が特徴となっている。ちなみに第1種兼業農家は1995年にいったん32.9％と全体の3分の1まで上がったが、2015年現在21.2％に下がっている。

　ところで、販売農家の年齢別就業人口（表2-2）を見ると、30～59歳の割合は1990年の53.3％から2015年の27.2％に下がり、逆に60歳以上の割合は39.3％から69.3％に増加し、しかもそのうち65歳以上の割合が54.5％であ

表2-2　年齢別農業就業人口（販売農家）

	農業就業人口	15～29歳	30～59歳	60歳以上	内65歳以上
1990	129,725	9,629	69,137	50,959	31,294
1995	120,097	7,360	54,756	57,981	38,687
2000	109,550	7,271	40,815	61,464	46,536
2005	96,166	5,817	32,826	57,523	46,648
2010	80,483	3,700	24,931	51,852	41,328
2015	64,746	2,221	17,633	44,892	35,258

出所）図2-1と同じ

5　主副業区分では、農業所得が主（農家所得の50％以上が農業所得）で、65歳未満の農業従事日数60日以上の者がいる農家を主業農家、農外所得が主（農家所得の50％以上が農外所得）で、65歳未満の農業従事日数60日以上の者がいる農家を準主業農家、65歳未満の農業従事日数60日以上の者がいない農家を副業的農家と分類している。なおこの区分の調査は1990年から導入している。

る。一方、若手とされる15〜29歳の農業就業人口の割合は2015年、3.4％と低く、深刻な後継者不足問題を示唆している。

ちなみに農業後継者については、経営耕地規模別あとつぎ（主に農業に従事している15歳以上の者）のいる農家数と、販売農家数と農業後継者のいる農家数という2種類のデータが公表されているが、正確に実態をつかむのが容易ではない[6]。

2-3　経営状況

次に青森農家の経営状況を確認するために、経営耕地規模別農家数や農産物販売金額規模別農家数、そして1戸当たり農家所得の推移について別々に検討してみたい。

経営耕地規模別農家数（表2-3）を見ると、1990年以降経営耕地規模0.5ha〜3.0haの農家数の減少割合は総農家数のそれを上回り、0.5ha未満、3.0ha〜5.0haの農家数の減少割合は総農家数のそれを下回っている。0.5ha未満規模農家数の減少が相対的に少なかったのは自給的農家数が多く生き残っているからである。一方、5.0ha以上の農家数が大幅に増え、総農家数の10％弱を占め、大規模農家経営が進んでいることが窺える。

表2-3　経営耕地規模別農家数

	総農家数	0.5ha未満	0.5〜1.0ha	1.0〜1.5ha	1.5〜2.0ha	2.0〜3.0ha	3.0〜5.0ha	5.0ha以上
1990	87,996	23,125	20,229	13,626	9,444	11,158	7,462	2,952
1995	78,592	20,024	17,731	11,897	8,381	10,035	7,186	3,338
2000	70,301	18,132	15,363	10,217	7,189	8,951	6,635	3,814
2005	61,587	17,182	12,294	8,572	6,133	7,691	5,786	3,929
2010	54,210	15,972	9,907	7,212	5,262	6,459	5,196	4,202
2015	44,781	13,825	7,426	5,582	4,156	5,329	4,349	4,114

出所）図2-1と同じ

---

[6] 『図説　農林水産業の動向』では、2005年までは経営耕地規模別あとつぎのいる農家数、2014年からは販売農家数と農業後継者のいる農家数に関するデータが公表している。

第2章　人口減少時代の青森農業

　農産物販売金額規模別農家数（表2-4）を見ると、この時期を通して農産物販売金額0〜50万円と200〜500万円規模の農家数が最も多く、その合計数は総農家数の6割弱を占めている。他方、販売金額50〜500万円の規模農家数の割合がこの時期を通して大幅に減り、それに対して、50万円未満と500万円以上の農家数の割合が増えている。50万円未満と500万円以上の農家数の割合は1990年ではそれぞれ32.2％、9.2％であったが、2015年では38.9％、18.9％に上昇している。そして1,000万円以上の農家数は倍増している。このように農家経営規模の二極分化が進んでいることがいえる。

表2-4　農産物販売金額規模別農家数

(単位：戸、万円)

	総農家数	0〜50	50〜100	100〜200	200〜500	500〜1,000	1,000〜2,000	2,000以上
1990	87,996	28,361	12,606	17,449	21,460	6,536	1,168	416
1995	78,592	23,468	11,333	12,493	19,980	8,629	2,015	674
2000	70,301	23,931	10,593	10,671	15,706	6,818	1,978	604
2005	61,587	22,196	7,462	9,130	12,830	6,847	2,325	797
2010	54,210	21,024	6,464	7,381	11,013	5,581	1,970	777
2015	44,781	17,400	4,580	5,438	8,951	5,360	2,191	861

出所）図2-1と同じ

　1戸当たり農家総所得は1990年と1995年では700万円を超えていたが、2005年以降、それが激減し、2010年に400万円を下回った。その内訳をみると、農外所得の減少が一番の原因である。兼業条件の悪化と県外出稼ぎの減少によって農外所得が少なくなったのである[7]。その結果、農業依存度は1990年の26.6％から2000年に53.5％、2015年に81.2％と高くなっている（表2-1)。

　以上のように1990年以降の青森では、農業就業人口が激減するなか、自

7　泉谷（2003）は「青森県経済の悪化が農家の兼業条件を悪化させ、農業経済の悪化に直接結びつく状況になっている」（15頁）と述べている。また神田（2010）は「農外所得の減少は兼業の場の喪失である。……今日輸出型企業だけではなく、老舗企業の倒産なども相次ぎ、戦後最悪の企業倒産が到来しつつある」（232頁）と指摘している。

人口80万人時代の青森を生きる―経済学者からのメッセージ―

給的農家の割合が堅調に推移している。他方、販売農家の場合、2000年あたりから専業農家の割合が大幅に増え、兼業農家の割合が減り続けている。また0.5ha以下農家の割合と5ha以上の農家数が増加し、経営規模の二極分化が進んでいる。そして2000年以降、農家総所得が急速に低下し、とくに農外収入が減少した結果、農業依存度がかなり高くなっている。農業所得向上の必要性がこれまで以上に高まっているのである。

3. 青森農業の地域性

　第2節は青森農業のここ25年の変化と特徴を概観してきたが、その変化は県内地域によって様相が異なっている。

　青森県は現在、6つの県民局に対応して東青、西北、中南、下北、上北と三八という6つの農業地域を分けている。西側（日本海側）に西北農業地域、中間に東青農業地域、中南農業地域、東側（太平洋側）に下北農業地域、上北農業地域と三八農業地域に大別されている。なお2003年まで西北農業地域は西と北という2つの地域に分けていた。

　三浦賢治氏が宇佐美繁氏によって提起された東北農業の4地帯類型に上述県内の農業地域区分を次のように当てはめている[8]。

　　稲単作地域：西北農業地域

　　稲・果樹複合地域：中南農業地域

　　稲・園芸・畜産複合地域：上北農業地域、三八農業地域

　　米単作的漁業兼業地域：東青農業地域、下北農業地域

　泉谷（2003）は上述三浦氏の区分に沿って1970年から2000年までの青森県農業の地域性と変動を分析している。本節は1970年、2000年と2015年という3つの時点における青森農業の地域性を考察する。1970年（表2-5）は泉谷（2003）に全面的に依拠するが、2000年（表2-6）と2015年（表2-7）は関連資料により作成したものである。

---

[8] 青森地域社会研究所『青森県農業の展開構造』1986年。

第２章　人口減少時代の青森農業

表2-5　1970年の青森県農業における地域性（各割合は％）

	青森県計	稲単作地域		稲・果樹複合地域	稲・園芸・畜産複合地域		漁業兼業地域	
		西	北	中南	上北	三八	東青	下北
農家戸数と構成	115,798	9.6	12.6	27.2	17.8	15.5	10.6	6.6
0.5ha未満割合	27.7	21.7	22.9	30.1	17.0	25.3	41.7	47.1
3ha以上割合	6.3	5.0	2.7	1.6	20.4	4.7	2.2	5.8
専業農家割合	14.7	16.5	19.5	14.5	18.4	15.1	7.5	5.1
第１種兼業農家割合	41.3	47.9	48.9	45.8	43.2	37.5	32.3	17.4
第２種兼業農家割合	44.0	35.7	31.6	39.7	38.5	47.4	60.3	77.5
出稼ぎ兼業割合	21.7	36.1	27.3	22.9	21.5	14.3	10.9	19.5
自営兼業割合	12.1	9.1	10.1	9.4	10.0	11.1	17.2	31.0
漁業兼業割合	25.0	18.3	8.9	0.1	13.7	13.7	45.0	70.3
総耕地面積（ha）と構成	139,821	9.9	12.0	21.8	28.3	15.3	7.5	5.2
田割合	59.5	83.7	76.6	56.7	54.6	40.4	76.1	45.0
樹園地割合	12.5	6.5	16.2	35.2	0.4	12.4	3.1	0.2
普通畑割合	23.3	8.8	6.0	5.8	39.5	39.2	16.8	39.3
牧草専用地割合	2.0	0.1	0.1	1.0	2.5	3.5	1.4	7.6
牧草放牧地割合	1.7	0.7	0.7	0.7	2.5	1.9	1.7	4.6
１戸当り耕地面積（ha）	1.2	1.2	1.2	1.0	1.9	1.2	0.9	0.9

出所）泉谷（2003）、48頁を基にして作成。

3-1　1970年

　稲単作地域：経営面積に占める水田の割合は８割と県内では群を抜いて高い。また専業農家の割合は県内平均より高い。第１種兼業農家がほぼ半数を占めており、総農家に占める出稼ぎ農家の割合は２～３割で比較的高い。水田に大きく依存しながら、プラス出稼ぎを中心とした兼業で経営が維持されていた地域である。西農業地域と北農業地域はともに稲単作地域であるが、西は水田割合が83.7％と突出して高い。

　稲・果樹複合地域：総耕地面積に占める樹園地の割合が35％と高くなっており、とくにリンゴ作付け面積の割合は総面積の４割と県内で最も高くなっている。他方、経営面積0.5ha未満の農家比率が３割と高く、3ha以上が1.6％と低い。また専業農家比率、第１種兼業と第２種兼業農家の比率が県内並みの水準にある。１戸当たり耕地面積は田、畑のいずれも県内でも低

49

い方で、小規模な水田とリンゴを農業的基盤としながら、プラス兼業で農業が維持されている地域である。

　稲・園芸・畜産複合地域：普通畑の占める割合が極めて高くなっており、牧草地の割合も相対的に高い。稲、畑を基本に畜産を加える農業を営んでいた地域である。専業農家の割合は比較的高く、出稼ぎの割合は比較的低い。上北農業地域では3ha以上の農家比率が2割を占めており、1戸当たりの耕地面積でも1.9haと県内では最大規模となっている。それに対して、三八農業地域では0.5ha未満の農家比率が25％と比較的高く、第2種兼業農家の割合も高くなっている。

　米単作的漁業兼業地域：土地利用からは、水田率が7割以上を占める東青農業地域と普通畑地と牧草地の合計割合が5割を超える下北農業地域の違いはあるが、いずれも水田を基盤としながら、漁業兼業率が高いのが特徴である。また0.5ha未満の農家比率が極めて高く、専業農家の割合が極めて低い。そして第2種兼業農家比率が極めて高い。

3-2　2000年

　1970～2000年の30年で青森県全農家戸数の4割に当たる4万戸の農家が消えた。0.5ha未満農家の割合が微減で3ha以上農家の割合が大幅に増加し、1戸当たりの耕地面積がほぼ倍増している。専業農家の割合が若干増、第1種兼業農家の割合が大幅減、第2種兼業農家比率が大幅に増加している。

　稲単作地域：90年代に入ってから米価の低迷による所得減少の影響を最も受けた地域である。0.5ha未満農家の割合が減少し、3ha以上農家の割合が大幅に増加した。また第1種兼業農家が減少し、第2種兼業農家比率が増加した。なお西では樹園地の割合が減少し、普通畑の割合が増加したのに対して、北では水田割合が減少し、樹園地の割合が増加した。

　稲・果樹複合地域：水田の割合が減少し、樹園地の割合が49％近くまで上昇した。米価の低下の中でますますリンゴに依存する割合が高まっている。1戸当たり耕地面積は他地域に比べ最も少ない。

　稲・園芸・畜産複合地域：普通畑の割合が高いこと、牧草地の割合が上昇

第2章　人口減少時代の青森農業

表2-6　2000年の青森県農業における地域性 （各割合は%）

	青森県計	稲単作地域		稲・果樹複合地域	稲・園芸・畜産複合地域		漁業兼業地域	
		西	北	中南	上北	三八	東青	下北
農家戸数と構成	70,301	10.0	10.2	30.7	18.7	16.6	7.5	3.8
0.5ha未満割合	25.8	17.7	15.7	25.9	17.7	32.0	38.9	63.7
3ha以上割合	15.3	25.2	16.9	7.7	29.7	9.9	10.4	7.5
専業農家割合	17.4	14.7	18.6	17.9	16.1	20.6	13.2	18.4
第1種兼業農家割合	28.2	30.5	32.7	34.5	23.4	23.4	16.9	8.4
第2種兼業農家割合	54.4	54.8	48.7	47.6	60.4	56.0	69.9	73.2
総耕地面積(ha)	162,706	19,931	19,981	35,215	47,614	23,790	9,600	6,575
田割合	53.8	73.9	73.9	44.3	51.9	35.7	77.0	29.0
樹園地割合	15.7	4.8	17.0	48.8	0.3	15.3	1.5	0.5
普通畑割合	20.3	19.7	6.1	5.7	30.5	37.3	11.1	21.7
牧草地割合	10.2	1.7	3.0	1.2	17.4	11.6	10.4	48.7
1戸当り耕地面積(ha)	2.3	2.8	2.2	1.6	3.6	2.0	1.8	2.5

出所）『図説　農林水産業の動向』、泉谷（2003）を基にして作成。

していることが特筆される。上北では3ha以上耕地を持つ農家数は全農家戸数の3割に達し、1戸当たり平均耕地面積は3.6haで大規模化が最も進んでいるのに対して、三八では0.5ha農家の割合は32％と高く、また3ha以上の割合は9.9％と平均よりかなり低い。

　米単作的漁業兼業地域：0.5ha未満農家の割合が高く、下北では64％に上っている。自給的農家が多いことが背景にある。また1970年に比べ、大規模化が進んでいるが、県内平均より低い。第1種兼業農家の比率が低く、第2種兼業農家の比率は断然高い。東青では水田、下北では畜産に特化する傾向がみられる。

3-3　2015年

　2015年の青森農家戸数は2000年に比べ、64％が減少している。0.5ha未満農家戸数の割合が31％、3ha以上農家戸数の割合が20％、両者を合わせると、50％を超え、二極分化がさらに進んでいる。0.5ha未満農家戸数の割合が多いのは下北、東青と三八である。その背景には3地域の総農家数に占

51

人口80万人時代の青森を生きる―経済学者からのメッセージ―

表2-7　2015年の青森県農業における地域性（各割合は％）

	青森県計	稲単作地域	稲・果樹複合地域	稲・園芸・畜産複合地域		漁業兼業地域	
		西北	中南	上北	三八	東青	下北
農家戸数と構成	44,781	21.4	30.3	18.7	18.3	8.2	3.0
0.5ha未満割合	30.9	20.9	28.0	26.1	40.1	41.5	75.7
3ha以上割合	19.7	28.3	11.1	33.7	12.4	15.9	8.9
専業農家割合	38.2	41.1	38.9	33.8	38.7	35.0	42.9
第1種兼業農家割合	21.2	23.6	23.1	21.0	16.5	16.2	8.5
第2種兼業農家割合	40.7	35.3	38.0	45.2	44.8	48.8	48.6
総耕地面積 (ha)	153,300	21,500	29,406	44,978	21,500	12,826	5,809
田割合	53.0	73.3	41.1	50.5	35.5	67.9	27.9
畑割合	47.0	26.8	58.7	49.6	64.5	32.0	72.1
1戸当たり耕地面積 (ha)	3.42	4.05	2.17	5.36	2.62	3.48	4.36

注）2015年から地域別における畑面積の明細データはないため、畑は普通畑（野菜）、樹園地と牧草地の合計を指す。また2004年の市町村合併に伴い、浪岡町のデータが青森県中南農業地域から東青農業地域に移している。
出所）『図説　農林水産業の動向』、農林業センサスより作成。

　める自給的農家数の割合は下北（68％）、東青（33％）と三八（31％）のように高いことが挙げられる（農林業センサス）。

　3ha以上農家戸数の割合が多いのは西北と上北である。西北は0.5ha未満の割合が低く、逆に3ha以上の割合は28％に上がっている。上北は1戸当たり耕地面積、3ha以上農家の割合はいずれも一番高い。それに対して、中南は1戸当たり耕地面積が増えているものの、県内では一番少ない。

　1戸当たりの耕地面積の拡大は土地の借入によって実現されている。表2-8によると、上北と西北では耕地の借入を行う販売農家の数が多く、また借入の耕地面積が大きい。1戸当たりの耕地面積の拡大は土地の借入によって実現されている[9]。

9　泉谷（2003）によると、「全国的には、この間の規模拡大は借地の増加に依存していることが明らかになっている」（67頁）。また「田、畑、樹園地のいずれの地目においても借地面積は増加しており、90年代に最も増加面積が大きいのは田面積であり、90年代に入って田の流動化が進んでいることがわかる。また樹園地はその十分の一の水準と少なくなっている」（68頁）という。

第 2 章　人口減少時代の青森農業

表 2-8　借入耕地のある農家数と借入耕地面積（ha）（2015年）

	販売農家数	耕地面積	自給的農家数	耕地面積
東青	721	2,232	45	6
中南	2,165	2,833	57	9
三八	1,791	2,449	70	8
西北	2,422	6,922	42	5
上北	2,670	8,150	24	4
下北	143	468	156	19
合計	9,912	23,053	394	49

出所）農林業センサス

　いずれの地域においても専業農家の割合が大幅に増加し、第 1 種兼業農家の割合が減少している。そして東青と下北は第 2 種兼業農家の比率が大幅に下がっている。

　田割合は全般的に低下している。中南、東青と下北の下げ幅が大きい。それに比べ、西北の減少が相対的に小さい。一方、畑割合は全般的に上昇している。ただし地域別における畑面積の内訳に関する適切なデータがなかったので、それを補うために種目別の産出額の割合を見てみたい。図 2-2 によると、中南は果実、下北と三八は畜産、上北は畜産と野菜に特化しようとしている。一方、東青と西北は米と果実に重きを置きながら、野菜や畜産をも兼ねている。

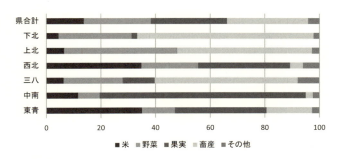

出所）図2-1と同じ

図 2-2　地域別農業産出額構成割合（2015年）

53

ともあれ、米価格の低下で県全体にとって米の重要性が下がってきた。またそれに対応して各地域はそれぞれの立地条件に合った農産物の生産に特化する傾向が強まっている。米中心を前提とする三浦賢治氏の青森農業の地域区分の枠組が揺らいでいる。

4．リンゴ産業の競争力強化

4-1　リンゴ産業の現状と課題

　第3節の青森農業の地域性分析からわかったように、傾向として各地域は米、畜産、果実、野菜に特化し、また耕種によって程度の差はあるが、1戸当たりの平均生産規模が拡大している。

　リンゴは果実の9割を占め、青森農業にとって欠かせない存在になっている。横山（2010）が指摘するように「北東北農業は厳しい状況に置かれているものの、青森県のリンゴに典型的に見られるように、生産を伸ばせる余地がある分野がまだ残っており、その部分での努力が地域農業にとって極めて重要な意味を持っている」（76頁）。

　しかし、競争力があるとされる青森リンゴ産業も人口減少と高齢化の影響を受けて縮小サイクルに突入している。図2-3に示されるように青森のリンゴ栽培面積は全国の栽培面積より減少幅が若干緩やかではあるが、1990

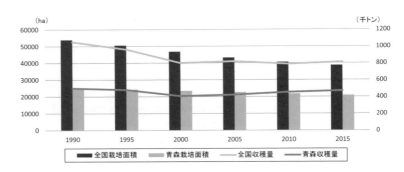

出所）『平成29年産りんご流通対策要項』（青森県農林水産部）

図2-3　リンゴの栽培面積と収穫量の推移

年以降毎年約200haのペースで減っている。また生産量においても、長期的傾向として減少している。天候条件に左右されるため、毎年の生産量は安定せず、1990年代に50万トンの収量が2年あったが、それ以降45万トン前後で推移している。2011年産のように36万トン、全国で65万トンという不作の年もあった。天候不良による花芽不足が原因とされるが、栽培面積の減少が根底にあると考えられる。今後、一層の高齢化と後継者不足、人手不足が予想される中、リンゴの栽培面積の減少による生産量の縮小が避けられない。ただ他産地の収量も減っているため、全国生産量に占める青森県のシェアはこれまでの50%前後から60%に上がってきた。

　ところで、表2-9に示されるように青森リンゴの主な生産地は中南農業地域である。栽培面積と栽培農家戸数はともに中南農業地域が6割以上を占めている。1990年以降、青森県リンゴ栽培農家数は25,024戸から13,534戸に減っている。リンゴ集積地の中南農業地域も基本的には同じ傾向で、総農家数の半減にはいかないものの、それに近い状態にある。また栽培面積の減少幅についても中南農業地域とほかの地域の間に大きな相違は見られない。

　青森県は年産50万トンに対応できるインフラを構築してきた。それより生産量が大幅に少なくなると、産業全体の運営に計り知れない影響を及ぼすことが考えられる。たとえば産地市場や農協への入荷量が減り、その経営を脅かしたり、また冷蔵庫や選果施設、輸送トラックなどの余剰をもたらしたり、そして加工リンゴの確保にも支障をきたすなど、つまり、産業を支えるインフラの荒廃が心配されるのである。

　また青森県はこれまで日本一のリンゴ産地として規模の経済性を享受してきた。たとえばリンゴが農産物輸出のチャンピオンといわれている。2017年産のリンゴ輸出量は3.3万トンで、輸出金額は120億円に上るが、その90%以上が青森産とされる。生産規模が大きいため、海外からのオファーに対応できるのが最大の原因といわれている。生産量の低下が最大産地としてこれまで享受してきた優位性を揺るがすことになるため、産地にとって生産量の維持が死活の課題である。

　他方、すでに述べたようにリンゴの主産地中南農業地域では、1戸当たり

人口80万人時代の青森を生きる―経済学者からのメッセージ―

表2-9　青森県地域別におけるリンゴ生産基本情報

		東青	西北	中南	上北	下北	三八	合計
農家戸数 （戸）	1990	253	5,345	16,078	184	3	3,161	25,024
	2000	92	4,389	13,069	77	1	2,061	19,689
	2015	791	3,168	8,322	29	0	1,224	13,534
栽培面積 （ha）	1990	234	4,510	17,400	137	1	3,000	25,282
	2000	86	4,151	16,800	90	1	2,390	23,400
	2015	1,707	4,021	13,582	19	0	1,336	20,666
生産量 （トン）	1990	4,540	85,900	355,700	2,210	6	52,600	500,956
	2000	1,449	73,496	295,500	1,100	–	35,700	407,200
	2015	–	–	–	–	–	–	470,000

注）2015年の地域別リンゴ生産量に関する集計データはない。また旧浪岡町が2004年青森市との合併に伴い、それまで中南に計上したものが東青に計上した結果、2015年東青の数値が大きくなっている。
出所）『図説　農林水産業の動向』各年版、青森県りんご生産指導要項編集部会編『りんご生産指導要項』各年版より作成。

耕地面積は県内では一番少ない。リンゴ農家の規模拡大は野菜、米、畜産ほど進んでいないのである。果樹作は手作業中心の技術体系であるため、規模の経済性が働きにくく、同時に手作業体系は技術的に個別性が強いため、共同化や組織化が図りにくいことがよく指摘される[10]。

　つまるところ、リンゴ農家と栽培面積の減少が止まらず、大規模化がなかなか進まない状況の中でいかに生産量の維持を図るか。発想の転換が求められる。

4-2　マルバ台「開心形」栽培 vs わい化高密植栽培

　青森県は数々のイノベーションを起こしていまのリンゴ産業の土台を築くことができた。その1つは世界に類を見ないマルバ台「開心形」の開発である（黄・平本2015）。

　昔、リンゴの栽培といえば、実生台木を用いた大型樹のリンゴ栽培方式が一般的であった。樹勢が強く、結実まで多年を要し、また管理作業が大変で

---

[10] 長谷川（2014）は青森県内の有数の大規模リンゴ農家S経営の事例研究から大規模リンゴ作経営の成立条件を剪定労働力の確保、省力技術体系導入のための販売対応と樹園地集積に求めている（69頁）。

生産効率が悪かった。そこで、青森の農家は戦前から、強勢台木であるマルバカイトに接いだ木の主幹をある高さで切り、発出する枝を人間が望む方向へ向けるようにする樹形、つまり開心形を模索したのである（菊池・塩崎2009）。その目的は質の良い果実を安定して多く生産すること、樹を健全に保持すること、作業しやすい樹をつくることである。それがいまもなお青森リンゴ栽培方法の主流となっている。ただし、この栽培方法では、高度な剪定技術が要求されること、実るまで年数がかかること、労働時間がかかり、収量が少ないことである。

　一方、実生台木を用いた大型樹のリンゴ栽培を剪定によって開心形に変えていった日本のやり方に対して、ヨーロッパは、わい性台木の使用による樹勢のコントロールに進んだ。半わい性台木やわい性台木を使った半密植栽培や密植栽培、いわゆるわい化栽培方式が開発され、10a当たり100本以下の半密植から200本以上の密植栽培のようにさまざまなわい性台木と樹形が実践されてきた。わい台によって樹高が大きくなることを抑えられること、結果するまでの年数が短く、しかも単収が高くおいしいリンゴが取れること、また剪定が比較的簡単であるなどのメリットがある一方、栽培本数が多く、根が浅いことから支柱が必要など、初期コストが嵩むこと、樹の寿命が短いこと、旱魃と凍害に弱いなどの問題点も指摘されている。

　上述のわい化栽培をさらに進化させたのは高密植栽培という栽培方法である。2000年初期からM9台木（自根台木）を用いて列間3m、樹間0.8-1m、10a当たり300本以上の単列並木植え栽培、いわゆるトールスピンドル（高密植栽培）が世界的に主流となってきた（小池洋男2017）。それを支えたのはわい化効果と早期結実性の優れるM9の系統の選抜、ウイルスフリー化とフェザー（羽毛状枝）が多発した苗木の育成技術である。樹幅を狭めて樹高を高める整枝法、定植直後から側枝を下垂させる誘引法などの栽培技術が開発され、早期多収、均質生産、省力低コスト生産というわい化栽培の目標を徹底的に追求している。そしてこの高密植栽培はロボットなどの機械使用と親和性が高く、労働力の不足の解消にとって好都合である。

人口80万人時代の青森を生きる―経済学者からのメッセージ―

4-3　生産性の重視によるリンゴ産業の再興

　この高密植栽培をいち早く導入し、実績を上げたのはイタリアの南チロルである。同地の農家経営は、リンゴ2ha、ワインブドウ園1haほどを組み合わせた規模が多く、これにアグリツーリズム（農業観光）を加えた小規模家族経営による産地形成が行われている。アメリカのように大規模経営によるコスト引き下げという手法が採用されず、また東欧から季節労働者に頼らざるを得ない。そこで南チロルは単位面積当たりの収量が高く、作業時間が少ない高密植栽培への移行を決断したのである。その結果、表2-10のように南チロルでは10a当たり収量は平均6トン、平均労働時間は50時間程度になっている。それに対して、青森では10a当たり年間250時間の労働時間を費やし、約2.2トンのリンゴを収穫している。つまり、労働時間では青森は南チロルの5倍、逆に収量では南チロルは青森の2〜3倍、明らかに南チロルの生産性が高いのである。

表2-10　リンゴ10a当たり収量と労働時間

	青森県（普通樹栽培）	南チロル（高密植栽培）
収量（トン）	2.2	6.0
労働時間（合計）	251.3（脚立使用）	47.8（作業台車使用）
剪定・整枝	31.8	6.7
施肥	2.4	
中耕・除草・薬剤散布	15.3	3.9
受粉・摘果	62.3	3.8
袋掛け・除袋・こもかけ ・暴風霜害管理、灌漑	77.3	
収穫・調製	39.6	26.1
その他	22.6	
土壌管理		1.7
収穫監督		3.0
夏季剪定		1.2
誘引作業		1.4

注）青森県の労働時間は平成24年の数字、南チロルの労働時間はKurt Werth氏の推計。
出所）青森県の数字は『りんご生産指導要項2018-2019』337頁、南チロルの数字は小池洋男（2017）、38頁。

58

第 2 章　人口減少時代の青森農業

　ところで、日本は早くからわい化栽培に注目してきた。1970 年代初頭からわい化栽培に取り組む農家が現れ、また青森県では専門家と農家はわい化栽培の是非をめぐって論争が続いた。現在、長野県や岩手県ではわい化栽培が主流となっているが、青森県ではわい化栽培の普及率はまだ 25％にとどまっている。

　ちなみに青森県のわい化栽培において、中間台木方式、すなわち苗木の生産現場でマルバ台にわい性台木 M26 を接ぎ木する方式が多く用いられている。このやり方ではリンゴ樹（とくにふじ）のわい化効果が劣り、しかも年数の経過とともに樹勢が強くなり、過繁茂や高樹高化で、間伐、樹形改造を余儀なくされる。そこに青森県で開発したマルバ台開心形の剪定技術が応用され、青森県の気象や土壌などの自然条件に合わせた日本的わい化栽培法が確立している。

　いま青森県はわい化高密植栽培にどう立ち向かうかという課題に直面している。先駆者による取組がすでに始まっているが、様々な技術的困難が予想される。しかし、作業がシンプルで新規就農者に向いていること、しかも省力・早期結実・多収なので、産地全体にとっても、個人の農家にとっても魅力的な栽培法である。

　まず、産地全体にとってリンゴ生産量の維持拡大に寄与できる。仮に単位面積の収量が 2 倍に増加すると仮定して、高密植栽培の園地を 1,000ha に増やせば、およそ 2 万トンの増産効果が見込まれる。次に個々の農家の経営安定にとってプラスである。図 2-4 はマルバ台栽培と高密植栽培を採用した場合の損益の推移をシミュレートしたものである。これによると、新植して 4 年目まで高密植栽培の損失はマルバ台栽培のそれより大きいが、逆に高密植栽培は 4 年目で損益分岐点を迎えるのに対して、マルバ台栽培のそれは 7 年目である。そして 4 年目以降高密植栽培の利益幅は拡大する一方である。

　高密植栽培にとって苗木、支柱と灌漑施設など初期投資の大きさが課題である。とくにマルバ台栽培の 10 倍以上の苗木本数を必要とし、日本国内の苗木価格がいま 1 本あたり 2,000〜3,000 円なので、10a 当たりの平均苗木代だけでも 70 万円に上る。1ha 当たり 3,000 本苗木の新植で考えると、1,000ha

59

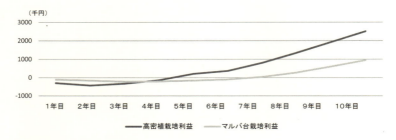

注）弘果総合研究開発株式会社のデータに基づき作成。
図2-4　マルバ台栽培と高密植栽培の比較

の高密植栽培園地には300万本のM9自根台木が必要である。それは産地における苗木の供給能力をはるかに超えている。そして苗木1本あたりの価格はEU並みの5ユーロ（600円程度）まで引き下げ、農家の初期投資を節約しなければならない。高密植栽培用苗木の供給体制づくりが急務とされる。

5．おわりに

　日本有数の農業地帯とされる青森県は、日本全国より一足先に人口減少を経験し、2000年あたりから農業就業者数と総農家数の減少が加速するようになった。総農家数の中に自給的農家の割合が増え、販売農家のそれが下がっている。一方、販売農家の場合、専業農家の割合が大幅に増え、兼業農家、とくに第2種兼業農家の割合が大幅に減少している。そして0.5ha未満農家数の割合と3ha以上農家数の割合がともに増加し、農家経営規模の二極分化が進んでいる。

　県内地域別にみた場合、米の大幅自由化と米価下落の影響を受け、米の売上高とそのシェアは大幅に低下し、逆に野菜、果実、畜産のそれが拡大している。地域によって、米、野菜、畜産、果実に特化する傾向が強まり、いずれの部門においても農家の経営規模の拡大が進み、とくに米と畜産の動きが顕著である。それに対して、規模の経済性が働きにくいといわれる果実はその動きが緩慢である。その象徴はリンゴの栽培である。

第2章　人口減少時代の青森農業

　果物産出額の9割以上を占めるリンゴが青森県にとって数少ない競争力のある産業とされるが、やはり就業者数と栽培面積の減少に直面している。中堅リンゴ農家の規模拡大によって耕作放棄地や後継者不足の問題を解決していく施策が行われているが、限界がある。ここでは、新しいアプローチとして、高密植栽培の導入を提案したい。高密植栽培は従来のマルバ台栽培方式に比べ、10倍以上の苗木本数を必要とし、また支柱の設置などが必須なため、先行投資は大きいが、省力と早期結実かつ多収なので、トータルでマルバ台栽培方式より経済的である。ただし、低価格の苗木供給体制づくりが当面の課題である。

【参考文献】

青森県農林水産部『図説　農林水産業の動向』各年版
宇佐美繁（1983）「東北農業の地帯構成と松尾村の位置」農総研『経営複合化と土地管理主体』
青森地域社会研究所（1986）『青森県農業の展開構造』
泉谷眞実（2003）『青森農業の地域性と変動』北方新社
横山英信（2010）「WTO体制・新自由主義農政下の北東北農業」、神田健策・井上博夫編著『グローバル下の北東北地域』弘前大学出版会
神田健策（2010）「総括―北東北地域の特質と展望」、神田健策・井上博夫編著『グローバル下の北東北地域』弘前大学出版会
21世紀政策研究所編（2017）『2025年　日本の農業ビジネス』講談社現代新書
菊池卓郎・塩崎雄之輔（2009）『リンゴ栽培の進む道』北方新社
長谷川啓哉（2014）「果樹農業の持続的発展と課題」、神田健策編著『新自由主義下の地域・農業・農協』筑波書房
黄孝春・平本和博（2015）『りんごをアップルとは呼ばせない―津軽りんご人たちが語る日本農業の底力』弘前大学出版会
公益財団法人青森県りんご協会（2017）『青森県りんご協会70年史』小野印刷所
カーペンター・ビクター・黄孝春・神田健策編著（2017）『グローバル下のリンゴ産業―世界と青森―』弘前大学出版会
小池洋男（2017）『リンゴの高密植栽培』農文協
青森県りんご生産指導要項編集部会編（2018）『りんご生産指導要項2018-2019』青森県りんご協会
青森県農林水産部（2018）『平成29年産りんご流通対策要項』

第3章

グラビティ・モデルを用いた
リンゴの輸出の推計

ポイント

○ リンゴの輸出額は、輸出相手国の所得（GDP）が高く、国の間の距離が近いほど大きくなる。

○ 国の間の距離が近いというメリットを活かし、今後も成長が見込まれるアジア向けの輸出を促進していくことが重要である。

○ 日本産のリンゴは、他国産と質が異なる差別化財である。

第3章　グラビティ・モデルを用いた
リンゴの輸出の推計

桑波田　浩之

1．はじめに

　国立社会保障・人口問題研究所によると、青森県の人口は2040年には100万人を下回る91万人になると予測されている[1]。人口が減少し、国内市場の成長が見込めない中で、輸出を促進し、海外市場を取り込むことは、青森県の経済の活性化に大きく寄与すると考えられる。

　本章では青森県の主な輸出品であり、県産品が日本の輸出の大部分を占めているリンゴに焦点を当て、近年、国際経済学の分野で頻繁に利用されているグラビティ・モデルを用い、リンゴの輸出額の推計を行う。グラビティ・モデルは、ある商品の輸出額を輸出国と輸入国のGDP及び、輸出に要する費用等で説明する理論である。理論上、輸出国と輸入国のGDPは輸出額に正の効果を持っている。将来、日本のGDPが伸び悩むことが予想される中で、グラビティ・モデルの推計を行うことで、経済成長率の低迷がリンゴの輸出額に与える影響を推計することができる。また、日本のリンゴの主な輸入国は、台湾や香港、中国、タイなど、今後も経済成長が予想されるアジア

---

[1]　国立社会保障・人口問題研究所の「日本の地域別将来推計人口（2018年推計）」によると、青森県の総人口は2035年に99万4千人、2040年に90万9千人まで減少すると予測されている。

の新興国であり、輸入国の経済成長が日本のリンゴの輸出額に対して、どのような影響を与えるかも推計することもできる。

　グラビティ・モデルは、理論を定式化したAnderson and Wincoop（2003）が代替の弾力性一定の効用関数に基づいているため、差別化財を対象としており、農産物を対象とした分析はあまり行われてこなかった。農産物は、経営規模が小さく比較的類似した多数の生産者によって生産され、比較的同質的であるため、完全競争市場に近いとされている。しかし、近年では産地のブランド化による差別化や、食の安全・健康志向に対応した有機栽培・無農薬栽培、地域の生産者名を付した販売など、工業品と同様に、商品の差別化が行われるようになっている。リンゴを差別化財とみなし、グラビティ・モデルを適用したことも先行研究と異なる点である。

　本章の構成は以下の通りである。まず、2節で日本のリンゴの輸出入の時系列の変化について概観する。次に、3節でグラビティ・モデルを用いた実証研究について紹介する。4節で今回の分析で用いたデータと分析手法を説明し、5節で分析結果と考察を示す。最後に6節でまとめを述べる。

2．日本におけるリンゴの輸出入額の推移

　財務省の貿易統計によると、2015年の日本の野菜・果実等の輸出総額は366億円であり、このうちリンゴの輸出額は36%の132億7,089万円である。90年代は、梨がリンゴの輸出額を上回っていたが、21世紀に入ると台湾向けのリンゴの輸出が急拡大し、リンゴは日本の果物輸出の主要品目となった。図3-1は1994年以降のリンゴの輸出額と輸出相手国の構成比率の推移を示したものである[2]。グラフを見て分かるように、2002年以降、台湾向けの輸出が急拡大しており、2016年時点では台湾が日本全体の輸出額の74%を占める。2位は香港の18%、3位は中国の5%であり、この上位3ヶ国・地域で全体の97%を占めている。

---

[2] 輸出先は、この期間、輸出額が大きかった上位5ヶ国・地域の台湾、香港、タイ、中国、シンガポールに絞っている。

第 3 章　グラビティ・モデルを用いたリンゴの輸出の推計

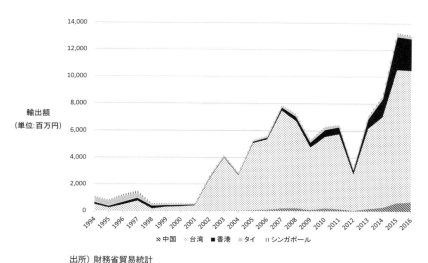

出所）財務省貿易統計

図 3-1　リンゴの輸出額の推移（積み上げグラフ）

　台湾向けの輸出が拡大した理由として、日本政府の「政府広報オンライン」では「台湾では春節の贈り物や神仏に供える果物として、リンゴは古くから人々に親しまれてきた。しかし、台湾では、バナナやパパイヤ、マンゴーといった熱帯フルーツの生産は盛んだが、リンゴは気候的に栽培が難しいため、最大の輸入果実となっている。」、また、青森県りんご輸出協会の深澤守氏の話として、「台湾の人々は赤をめでたい色と尊ぶため、鮮やかな赤色をした青森のリンゴはとても人気があります。」と解説している[3]。日本貿易復興機構（JETRO）は、「リンゴ、梨、ぶどう、いちご等の主要輸出品目において、日本産品は、台湾産を含めあらゆる生産国の果実の中でトップ品質の高級品」であるとし、日本産のリンゴは高価格のため自家消費用として

---

[3] Public Relations Office Government of Japan「海外に広がる青森のリンゴ」（https://www.gov-online.go.jp/eng/publicity/book/hlj/html/201611/201611_05_jp.html）（2018年 8 月24日閲覧）

67

は手が出しづらいが、高級ギフトとして人気があることが窺える[4]。なお、2013年以降の輸出額の拡大は、カーペンター他（2017）で述べられているように、円安による価格の低下も起因していると見られる。

　一方、図3-2は、リンゴの輸入額及び、輸入相手国の構成比率の推移を示したものである。リンゴの輸入額は、2016年時点で4億7,139万円、輸出額に対する比率は4％程度に留まる。リンゴの輸入は1971年に自由化されているが、植物防疫法によって病虫害発生国からの輸入が禁止され、韓国・北朝鮮からの少量・不定期な輸入を除き、実質的に輸入は行われてこなかった。1993年以降、病虫害の防除技術が確立したとして、ニュージーランド、アメリカ、オーストラリア等からの輸入が認められている。

　2000年代までのリンゴの輸入国は、韓国やオーストラリアが主であったが、2012年以降、ニュージーランドからの輸入が急増しており、2016年では、ほぼ100％が同国からの輸入になっている。リンゴは、栽培適地が温帯性気候であり、開発途上国が生産国の多数を占めるバナナや柑橘類の果実とは異なり、アメリカ、イタリア、フランス、オーストラリア、ニュージーランドなど先進諸国でも生産が多いのが特徴である。ニュージーランドやオーストラリアからの輸入は、南半球の生産・出荷時期が異なることを利用した輸入である。

3．先行研究

　グラビティ・モデルは、2ヶ国間の貿易に最初に用いたTinbergen（1962）以降、説明力の高いモデルとして多くの研究で用いられてきた。理論面では、Anderson and Wincoop（2003）が、代替の弾力性一定の効用関数に基づき、モデルを定式化し基礎を築いている[5]。彼らのモデルは、差別化財に基

---

[4]　JETRO「台湾における日本産果実」 https://www.jetro.go.jp/world/asia/tw/foods/trends/1407001.html（2018年8月24日閲覧）

[5]　Deardorff（1998）はヘクシャー＝オリーン・モデル、Eaton and Kortum（2002）はリカード・モデルからグラビティ・モデルを導出しており、伝統的貿易理論からも導くことが可能である。またHelpman et al.（2008）、Chaney（2008）は新々貿易理論から、

第3章　グラビティ・モデルを用いたリンゴの輸出の推計

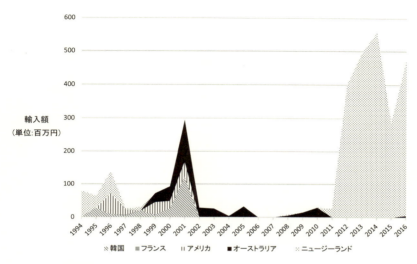

出所）財務省貿易統計

図3-2　リンゴの輸入額の推移（積み上げグラフ）

づいているため、先行研究では主に先進国の工業製品の貿易を対象としグラビティ・モデルが用いられてきた。

　農産物は工業製品に比べると同質的な財であると考えられるため、グラビティ・モデルを用いた先行研究は限られる。Vollrath et al. (2009) はUnited Nations Commodity Trade Statistics Databaseを用いて、世界70ヶ国の農産物を分析対象に、グラビティ・モデルを用いた推計を行っている。分析の結果は理論の予測通り、輸出国と輸入国のGDPは農産品の輸出額に対して正の効果を持ち、貿易費用の代理変数の2ヶ国間の距離は負の効果を持っていることを示している。更に、2ヶ国間の比較優位を反映する変数として1人当たりGDPの差、1人当たりの土地面積の差を加えると、共に農産物の輸出額に対して正の効果を持ち、輸出国が輸入国に比べて、1人当たりGDPや1人当たり土地面積が大きいほど、農産物を輸出する傾向があることを明

　それぞれグラビティ・モデルを導いている。

69

らかにしている。また、Jayasinghe and Sarker（2007）は、OECDのThe
International Trade by Commodities Statistics database を用い、世界57ヶ
国の果実の輸出額をグラビティ・モデルを用いて推計を行い、同様の結果を
えている。

　日本のデータを用いた研究としては、Okubo（2004）が日本の地域間産業
連関表を用いて、都道府県間の移出及び外国への輸出をグラビティ・モデル
に基づき分析を行っている。その結果、県内総生産やGDPは移出・輸出に
正の効果を持っており、距離は負の効果を持っていることを示している。ま
た、アメリカやカナダの先行研究と比べると、日本においては、国境の効果
は小さいことを明らかにしている[6]。

4．データ・分析方法

　本章は、日本のリンゴの輸出額のデータを財務省の貿易統計より入手し、
計量分析に用いた。データの期間は1994年から2016年までとした[7]。GDPや
人口、土地（可能耕作地）のデータは世界銀行のWorld Bank national
accounts data より手に入れ、各国間の距離は首都間の距離を用いた。推計
式は以下の(1)式の通りである[8]。

$$
\begin{aligned}
\ln x_{ijt} = {} & \alpha_0 + \beta_1 \ln GDP_{it} + \beta_2 \ln GDP_{jt} + \beta_3 \ln DIST_{ij} \\
& + \beta_4 EPA_{ijt} + \beta_5 GDPPC_{ijt} + \beta_6 LANDPC_{ijt} \\
& + \gamma_i + \delta_j + \varepsilon_{ijt}
\end{aligned}
\tag{1}
$$

---

[6]　その他、リンゴを分析対象とした計量分析としては、梶川（1999）は、リンゴの需要関
　　数や供給関数の推計やヘドニック・アプローチを用いた価格の推計などを行っている。

[7]　分析対象国は台湾、香港、中国、シンガポール、タイ、ベトナム、フィリピン、イン
　　ドネシア、カンボジア、インド、サウジアラビア、アラブ首長国連邦、イギリス、オ
　　ランダ、フランス、ドイツ、スイス、ロシアの18ヶ国とした。

[8]　(1)式の背景にあるAnderson and Wincoop（2003）のモデルの解説を付録に記した。

x_{ijt} は t 年の i 国から j 国へのリンゴの輸出額、GDP は各国の GDP、$DIST$ は 2 ヶ国間の距離である。加えて、Vollrath et al.（2009）と同様、2 ヶ国間の比較優位を反映する変数として 1 人当たり GDP の差の $GDPPC_{ijt}$、1 人当たりの可能耕作地（可耕地）の面積の差の $LANDPC_{ijt}$、経済連携協定（EPA）を結んでいれば 1、結んでいなければ 0 をとる EPA_{ijt} を加えた[9]。多角的貿易指数は、国ごとのダミー変数を加えることで対処した[10]。

付録の (2) 式より $\ln GDP_{it}$ と $\ln GDP_{jt}$ の係数はプラス、$\ln DIST_{ij}$ の係数はマイナスの符号をとることが予想される。また、自由貿易協定はリンゴの輸出を拡大させることが期待されるため EPA_{ijt} の係数はプラスを予想する。伝統的貿易理論からは $GDPPC_{ijt}$、$LANDPC_{ijt}$ の係数は共にプラスになると考えられる。

5．分析結果

表 3-1 は推定した (1) 式の結果をまとめたものである。

日本の GDP については、有意な結果がえられなかった。この結果がえられた理由としては、近年日本の GDP の成長率は低迷している一方、リンゴの輸出は急激に伸びているという事情や、データが日本のリンゴの輸入国だけに限られているということも一因として考えられる。また、輸入国の GDP は期待通り正で有意となり、距離の係数は (3) 欄を除き、負で有意であった。輸入国の GDP が大きいほど、また、輸入国との距離が近いほど、リンゴの輸出額が大きくなる傾向が見られた。EPA ダミーは期待とは異なり、有意な結果はえられなかった。今回の分析からは、日本がこれまでに締結してきた EPA は、リンゴの輸出に対して、大きな影響を与えていないと

---

[9] EPA の締結国と締結年月は、外務省ホームページより入手した。分析期間において日本と EPA を締結した国はシンガポール（2002 年）、マレーシア（2002 年）、タイ（2007 年）、インドネシア（2008 年）、フィリピン（2008 年）、スイス（2009 年）、ベトナム（2009 年）、インド（2011 年）の計 8 ヶ国である。

[10] 理想的には年ごとのダミー変数も加えて多角的貿易抵抗をコントロールすべきだが、今回の分析ではデータの制約上、それは出来なかった。

人口80万人時代の青森を生きる―経済学者からのメッセージ―

表3-1　グラビティ・モデルによるリンゴの輸出額の推計

説明変数		被説明変数: ln（リンゴの輸出額）			
		(1)	(2)	(3)	(4)
ln（日本のGDP）	ln GDP_{it}	0.29	0.37	-1.72	0.43
		[0.28]	[0.36]	[-1.06]	[0.41]
ln（輸入元のGDP）	ln GDP_{jt}	2.71	2.81	2.98	3.23
		[6.71]***	[6.08]***	[6.09]***	[6.11]***
ln（距離）	ln $DIST_{ij}$	-2.93	-2.91	1.58	-3.68
		[-6.91]***	[-6.79]***	[1.21]	[-8.88]***
EPAダミー	EPA_{ijt}		-0.22	-0.11	-0.41
			[-0.52]	[-0.26]	[-0.90]
1人当たりGDPの差	$GDPPC_{ijt}$			0.0001	
				[1.55]	
1人当たり可耕地の差	$LANDPC_{ijt}$				-9.93
					[-4.63]***
国ダミー		有	有	有	有
切片		-56.56	-61.94	-42.08	-70.67
		[-1.91]*	[-1.93]*	[-1.07]	[-2.19]**
自由度修正済み決定係数		0.814	0.814	0.815	0.819
観測数		437	437	437	418

注）カッコ内の値は不均一分散一致標準誤差を用いて求めたt値である。*, **, *** は、それぞれ10%、5%、1%で有意であることを示す。

いうことが示唆される。

　（3）欄と（4）欄はそれぞれ、日本と輸入国の1人当たりGDPの差と、1人当たり可耕地の差を加えた結果である。1人当たりGDPの差は有意ではなく、1人当たり可耕地の差は負で有意であった。この結果は、日本に比べて1人当たり可耕地の大きい国へ、リンゴを輸出していることを表しており、伝統的貿易理論のヘクシャー＝オリーン・モデルと反する結果である。日本のリンゴは、海外では価格の高い高級品と位置づけられており、同質財に基づく貿易理論だけは、十分に説明できないということを示唆しているかもしれない。

6．おわりに

　本章は、近年国際経済学の研究で頻繁に利用されているグラビティ・モデルを用いて、リンゴの輸出額の推計を行った。分析の結果、日本のGDPはリンゴの輸出額に対して、有意な効果を与えていないという結果がえられた。この理由として、近年日本のリンゴの輸出先として台湾が急拡大している中で、日本の経済成長率が低迷していることや、データが日本の輸出国に限定されてしまったことなどが考えられる。一方、輸入国のGDPは予測通り、リンゴの輸出額に対して正の効果を持ち、2ヶ国間の距離は負の効果を持っていた。輸入国のGDPや、距離・貿易費用は、リンゴの輸出に対して重要な要因になっていることが分かった。日本はアジア地域と距離が近いというメリットを活かして、今後も高い成長率が見込まれるアジア向けの輸出を促進していくことが重要だと考えられる。

　1人当たりの可耕地の面積は負の効果を持っており、ヘクシャー＝オリーン・モデルの予測とは異なる結果となったが、この結果は伝統的貿易理論ではリンゴの輸出を十分に説明できないことを示唆しているかもしれない。本章では、日本の貿易統計を用いたため、分析対象国が日本の輸出先に限定されてしまった。より詳細な分析のため、世界各国の農産物の輸出入のデータの整備を望みたい。

【参考文献】

カーペンター・ビクター，黄孝春，神田健策（2017）『グローバル下のリンゴ産業―世界と青森―』弘前大学出版会

梶川千賀子（1999）『リンゴ経済の計量分析』農林統計協会

Anderson, J. and Van Wincoop, E. (2003) "Gravity with Gravitas: A Solution to the Border Puzzle," *American Economic Review*, 93, 1, 170-192.

Chaney, T. (2008) "Distorted Gravity: The Intensive and Extensive Margins of International Trade." *American Economic Review*, 98,4, 1707-1721.

Deardorff, A. (1998) "Determinants of Bilateral Trade: Does Gravity Work in a Neoclassical World?" *In The Regionalization of the World Economy*, Frankel, J. A. ed. Chicago: The University of Chicago Press.

人口80万人時代の青森を生きる―経済学者からのメッセージ―

Eaton, J., and Kortum, S. (2002) "Technology, Geography, and Trade," *Econometrica*, 70, 5, 1741-1779.

Helpman, E., Melitz, M., and Rubinstein, Y. (2008) "Estimating Trade Flows: Trading Partners and Trading Volumes," *Quarterly Journal of Economics*, 123, 2, 441-487.

Jayasinghe, S. and Sarker, R. (2007) "Effects of Reginal Trade Agreements on Trade in Agrifood Productis: Evidence from Gravity Modeling Using Disaggregated Data," *Review of Agricultural Economics*, 30, 1, 61-81.

Okubo, T. (2004) "The Border Effect in Japanese Markets – A Gravity Model Analysis," *Journal of Japanese and International Economics*, 18, 1-11.

Tinbergen, J. (1962) "An Analysis of World Trade Flows," in Shaping the World Economy, edited by Jan Tinbergen. New York, NY: Twentieth Century Fund.

Vollrath, T., Gehlhar, M., and Hallahan, C. (2009) "Bilateral Import Protection, Free Trade Agreements, and Other Factors Influencing Trade Flows in Agriculture and Clothing," *Journal of Agricultural Economics*, 60, 2, 298-317.

第3章　グラビティ・モデルを用いたリンゴの輸出の推計

【付　録】

(1) 式の導出方法

　付録では、推計に用いた (1) 式を導くために必要な Anderson and Wincoop (2003) のモデルを解説する。世界は n ヶ国から構成され、各国は 1 種類の差別化財を生産しているとする。任意の 2 ヶ国、i 国と j 国の貿易を考え、j 国の効用関数は以下の式のように与えられる。

$$U_j = \left(\sum_{i=1}^{n} \beta_i^{\frac{1-\sigma}{\sigma}} c_{ij}^{\frac{\sigma-1}{\sigma}} \right)^{\frac{\sigma}{\sigma-1}}$$

c_{ij} は i 国で消費される j 国で生産される差別化財の消費量、β_i は j 国の第 i 財の消費量にかけられる係数、σ は差別化財間の代替の弾力性である。まず、効用最大化問題を解いて、j 国における第 i 財の需要関数を求める。

$$max. \quad U_j = \left(\sum_{i=1}^{n} \beta_i^{\frac{1-\sigma}{\sigma}} c_{ij}^{\frac{\sigma-1}{\sigma}} \right)^{\frac{\sigma}{\sigma-1}}$$

$$s.t. \quad \sum_{i=1}^{n} p_{ij} c_{ij} = y_j$$

需要関数は以下のように求まる。

$$c_{ij} = \beta_i^{1-\sigma} p_{ij}^{-\sigma} \frac{y_j}{\sum_{i=1}^{n} \beta_i^{1-\sigma} p_{ij}^{1-\sigma}}$$

次に、i 国の j 国への第 i 財の輸出額を x_{ij} で表すと、以下の式のようになる。

$$x_{ij} = \beta_i^{1-\sigma} p_{ij}^{1-\sigma} \frac{y_j}{\sum_{i=1}^{n} \beta_i^{1-\sigma} p_{ij}^{1-\sigma}}$$

i 国から j 国へ第 i 財を 1 単位輸出するためには t_{ij} 単位（$t_{ij} > 1$）輸出しなければならないと仮定する。p_i で第 i 財の i 国における国内価格を表すとす

75

ると、第 i 財の j 国における価格は国内価格に t_{ij} を乗じた値となる。

$$p_{ij} = p_i\, t_{ij}$$

これを x_{ij} に代入する。

$$x_{ij} = (\beta_i\, p_i)^{1-\sigma} \frac{t_{ij}^{1-\sigma}\, y_j}{\sum_{i=1}^{n} \beta_i^{1-\sigma}(p_i\, t_{ij})^{1-\sigma}}$$

また、各国の第 i 財の輸入額の合計は、i 国の所得と等しく、i 国の所得は以下のように表される。

$$y_i = \sum_{j=1}^{n} x_{ij}$$

これを x_{ij} に代入すれば、以下の式がえられる。

$$x_{ij} = \frac{y_i}{\sum_{j=1}^{n} \dfrac{t_{ij}^{1-\sigma}\, y_j}{\sum_{i=1}^{n} \beta_i^{1-\sigma}(p_i\, t_{ij})^{1-\sigma}}} \cdot \frac{t_{ij}^{1-\sigma}\, y_j}{\sum_{i=1}^{n} \beta_i^{1-\sigma}(p_i\, t_{ij})^{1-\sigma}}$$

ここで、Π_i、P_j、θ_j をそれぞれ、

$$\Pi_i = \left\{ \sum_{j=1}^{n} \left(\frac{t_{ij}}{P_j} \right)^{1-\sigma} \theta_j \right\}^{\frac{1}{1-\sigma}}, \quad P_j = \left\{ \sum_{i=1}^{n} (\beta_i p_i t_{ij})^{1-\sigma} \right\}^{\frac{1}{1-\sigma}},$$

$$\frac{y_j}{y_W} = \theta_j$$

とおく。y_w は世界全体の所得である。

これらを用いると、x_{ij} は以下の式ように簡略化される。

$$x_{ij} = \frac{y_i\, y_j}{y_W} \cdot \left(\frac{t_{ij}}{\Pi_i P_j} \right)^{1-\sigma}$$

上式の両辺の対数をとり線形化すると、以下の式がえられる。

$$\ln x_{ij} = -\ln y_W + \ln y_i + \ln y_j - (\sigma - 1) \ln t_{ij} + (\sigma - 1) \ln \Pi_i$$
$$+ (\sigma - 1) \ln P_j$$

よって、輸出国と輸入国の所得の対数値は、輸出額の対数値に正の効果を持ち、通常 σ は 1 以上のため、貿易費用は輸出額の対数値に負の効果を持つ。Π_i と P_j は i 国と j 国の価格や貿易費用を表した値であり、多角的貿易抵抗指数と呼ばれている。

第4章

地方自治体による再生可能
エネルギー政策
~効果の検証と青森県の今後の方向性について~

ポイント

- ○ 各再生可能エネルギーには長所・短所があり、バランスのとれた普及が必要。
- ○ 地方自治体による普及政策には、一定の効果がある。
- ○ 青森県の特徴をふまえた独自の政策を策定する必要がある。

第4章 地方自治体による再生可能エネルギー政策
〜効果の検証と青森県の今後の方向性について〜

花田　真一

1. はじめに

　東日本大震災以降、日本のエネルギー政策は大きく変化した。震災以前は原子力発電をベースロード電源とし、電源構成に占める割合を高めるエネルギー政策がとられていた。しかし、東日本大震災による福島第一原子力発電所の事故を受け、原子力発電を軸としないエネルギー政策が模索されるようになる。その中で注目を集めたのが再生可能エネルギーである。

　東日本大震災以降は国策として普及が進められたため意識されることが少なくなったが、1990年代後半から2000年代前半の時期にかけては、地方自治体の政策も再生可能エネルギーの普及に一定の役割を果たしたと考えられる。この時期は住宅用太陽光発電が製品として市場に投入され、一般家庭主体での再生可能エネルギー普及が本格化した時期である。太陽光発電については地方自治体が独自に補助政策を行ったケースが見られ、また、地方自治体が関与した風力発電の建設も見られるようになる。この時期に築かれた再生可能エネルギー普及の礎は、現在に至るまで一定の役割を果たしていると考えられる。

　本章は、再生可能エネルギー普及と地方自治体の政策について論じるものである。まず、1990年代後半から2000年代前半の時期の住宅用太陽光発電

と風力発電について概観し、再生可能エネルギー普及に地方自治体が果たした役割について論じる。そのうえで、近年の再生可能エネルギーを巡る状況から、今後地方自治体が果たすべき役割についての展望を述べる[1]。

2. 再生可能エネルギー

　論を始めるにあたり、まず再生可能エネルギーについて簡単に概説する。再生可能エネルギー（Renewable Energy）とは、自然現象から取り出すことができ、何度利用しても再生可能な枯渇しないエネルギー資源のことである。具体的な定義は時代や国によっても異なるが、一般的には太陽光、風力、水力、地熱、バイオマスなどが想定されている[2]。また、現在の日本では原子力発電に代替するエネルギーとしての側面が強く注目されるため電力としてのエネルギー利用が主に論じられるが、世界的に見れば熱利用もかなりの割合を占めており、雪氷熱や温度差熱なども含めて考えられるのが一般的である。本章では筆者の専門性と現在の再生可能エネルギーに関する議論の状況から電力利用を念頭に置いて論を進めるが、熱利用も重要なものである点には留意されたい。

　再生可能エネルギーの特徴は、枯渇しない点にある。産業革命以降、主要なエネルギー源として石炭や石油などの化石燃料が用いられてきた。化石燃料はエネルギー効率が高く、安定的なエネルギー供給をもたらすことで人類の発展を支えてきた。しかし、化石燃料は生成に非常に長い時間がかかり、人類の歴史のスパンで見れば枯渇性資源であると考えられる。20世紀半ばよりその有限性が意識されるようになり、1972年のローマ・クラブの報告書『成長の限界』において枯渇の可能性が広く知られるようになった[3]。一

---

[1]　なお、本章で参照した研究成果の一部はJSPS科研費若手研究（B）課題番号26780159の援助に基づくものである。

[2]　水力には波力や潮汐力が、バイオマスには廃棄物が含まれることが多い。

[3]　それから半世紀たった現在も化石燃料が利用可能である点から、報告書の信憑性や枯渇性を軽視する論調が一部で見られる。しかし、現在も化石燃料が枯渇していないのは、その後の採掘技術の発達により以前は利用できないと考えられていた深度の資源が利用可能になったこと、また、探知技術の向上により新たな資源が発見されたこと

方、再生可能エネルギーは枯渇しない。太陽光や風力・水力は半永久的に利用可能であり、バイオマスも化石燃料に比べれば短期間で再生される。1970年代以降の世界的な再生可能エネルギーへの関心の高まりは、まずこの点にある。

また、再生可能エネルギーのもう1つの特徴は、温室効果ガスを基本的に排出せず、気候変動への影響が小さい点である。化石燃料の中に含まれる炭素が二酸化炭素として排出され気候変動の一因となる可能性が指摘されている。1992年にリオ・デ・ジャネイロで行われた「環境と開発に関する国際連合会議(地球サミット)」において気候変動枠組条約が提起されることになる。再生可能エネルギーの多くは設備の製造や運搬以外の段階で二酸化炭素を排出しない。バイオマスのように一時的に大気中に二酸化炭素を放出するものもあるが、再生の過程で吸収されるため、全体で見れば大気中の二酸化炭素は増えない。こうした点から、1990年代以降は再生可能エネルギーがますます注目されるようになった。

一方で、再生可能エネルギーには短所もある。多くの再生可能エネルギーは化石燃料に比べると効率が悪く、現在の技術では安定供給が難しいものが多い。特に安定供給の困難さは、電力としてのエネルギー利用を考えたときには大きな課題となる。電気系統は常に需給が一致している必要があり、バランスが崩れると停電が発生する。一般に想起されるのは需要不足による停電だが、供給過多によっても停電が起きてしまう。また、需給の一致は常に行われる必要があり、一定期間の総量が一致していればよいというものではない。再生可能エネルギーは発電量が不安定であり、供給量が意図せず瞬間的に変動してしまう。一定以上の大きさの需給バランスの不一致は発電機の解列を起こし、停電が発生する。不安定な供給はこのリスクを高めることになる。また、発電量の調整ができないため、復旧のために系統に再接続する際に再び停電が発生するリスクがあり、系統回復の時間と費用を高める可能

によるものである。その有限性には変わりなく、また生成には地質学的時間が必要であることから残り時間の長短はあれ、いずれ枯渇するという状況に変わりはない。

性がある。

　より具体的な強みと弱みは個々の再生可能エネルギーの性質による。表4-1に個々の再生可能エネルギーの特徴を簡単にまとめた。表中の○は、その要素が長所であることを、△は場合によっては短所となる可能性があることを、×はその要素が短所となることを表している。安定性については地熱・水力・バイオマスは安定した発電が可能だが、太陽光発電は瞬間的な発電量の変動があり、風力は出力の変動が大きい。発電可能な時間帯については太陽光以外は大きな制約がないが、太陽光は日中しか発電ができない。季節性については、地熱は影響を受けないが、風力や太陽光は季節性の天候の影響を受け、バイオマスも資源の収穫時期の制約がある。水力は渇水時には出力が低下する。初期投資はバイオマスは火力発電との混焼が主流であるため低く、太陽光や風力も計算が可能である。水力は大規模水力は一定の初期投資が必要であり、地熱については適地を探索するために時間がかかるため操業開始までのリードタイムが長く、一定の初期投資が必要である。運用費用についてはバイオマス以外の発電は通常の点検・補修費用で済むが、バイオマスは燃料供給のための移送費用などがかかる。

表4-1　各再生可能エネルギーの長所と短所

	安定性	時間制約	季節性	初期投資	運用費用
風力発電	×	○	△	○	○
太陽光発電	△	×	△	○	○
地熱発電	○	○	○	×	○
水力発電	○	○	×	△	○
バイオマス発電	○	○	△	○	×

出所）各種資料を基に筆者作成

　以上見てきたように、各再生可能エネルギーにはそれぞれ長所と短所があり、どのような割合で導入をするかというエネルギーミックスが重要になる。太陽光発電だけでは夜間の発電が行えず、風力発電だけでは瞬間的な電力供給の変動が大きくなってしまう。時間帯の影響を受けない地熱発電や水

力発電、火力発電の補助として調整力の高いバイオマス発電を組み合わせることで、こうした欠点を補い合うことができる。バランスの良い導入を促すことが、電力の安定供給や、社会的なコストの低減につながると考えられる。

3. 地方自治体による再生可能エネルギー補助政策：
風力発電と太陽光発電を事例として

3-1 分析期間

　再生可能エネルギーの普及には、地方自治体による政策も一定の役割を果たした。風力発電であれば1991年に愛媛県瀬戸町（現伊方町）の事例を端緒に地方自治体による設置がみられる。太陽光発電についても、1997年の川越市と呉市を皮切りに一定数の地方自治体で独自の補助政策が取られている[4]。政策資源の制約もあり、地方自治体による補助政策は、全国的に展開された補助政策と比べれば規模も小さく、範囲も狭いものが多かった[5]。しかし、一方で地方自治体はより住民に近い政策主体であり、中央政府による政策と比べて情報伝達等の効果が高い可能性があり[6]、規模は小さくとも一定の政策効果をもたらした可能性がある。

　この点について、1997年から2005年の住宅用太陽光発電、および風力発電のデータを用いて定量的な分析を行った。この時期を取り上げた理由は主に2つある。1つは、この時期は再生可能エネルギーが認知されはじめた初期にあたり、地方政府が政策を行うことで情報伝達などの付加的な効果が高かった可能性がある。1992年の地球サミットや1997年の京都議定書の採択などで気候変動に対する意識は高まっていたが、住宅用太陽光発電の市場投

---

[4] 市町村合併もあり評価が難しいが、1997年から2005年までの最も多い時期で約15%の地方自治体が補助金政策を導入している。

[5] 例えば、1997年から2005年において、全国的な住宅用太陽光発電に対する補助金額はパネル1kWあたり約17.6万円であるが、地方自治体によるものは平均すると約7.1万円である。

[6] 朝日新聞の地方面について1997年から2005年にかけて太陽光発電に関する記事を調べた。その結果、地方面の対象エリア内で補助政策を行う地方自治体の数が増えると、記事として取り上げられる数が増加する傾向が示された。

入が1993年ということもあり、現在に比べると再生可能エネルギーの性質やその意義などが広く知られていなかった可能性がある。この時期に地方自治体が政策として補助を行うことで、気候変動問題に関する知識の伝達などの効果が、現在と比べても高かったと考えられる。

2つめはデータの制約である。1994年から2005年までの時期は全国的な補助金政策がとられていたこともあり、補助金申請に基づく年度ごとの普及データが市町村レベルで存在している。2006年以降は補助金政策が停止したため電力会社レベルの普及データしか存在せず、固定価格買取（FIT）制度が導入された2012年以降も都道府県レベルの普及データしか公開されていない。地方自治体の政策に焦点を当てるためには市町村レベルのデータが不可欠であり、そのことからもこの時期を対象として取り上げる。

3-2 住宅用太陽光発電の普及に地方自治体が与えた影響

まず、住宅用太陽光発電の普及に対して地方自治体が与えた影響について評価を試みる[7]。地方自治体独自の補助政策の規模は全国的な補助政策に比べれば小さいものであった。図4-1は、全国レベルの補助金額と、補助金政策を行っている市町村の平均補助金額を年度ごとに示したものである。全国レベルの補助金額は、太陽光パネルの価格に連動して減額されることが当初より決まっており[8]、特に1999年から2001年にかけて大幅な減額が行われている。また、当初の計画では1994年から2003年までの10年間の期限付きの補助政策であり、期間終了後さらに2005年まで2年間延長が行われたが[9]、こうした事情もあり2003年以降は地方自治体の補助金額と逆転している。とはいえ、多くの期間において全国レベルの補助金額は地方自治体の補助金額を上回っていることがわかる。

---

[7] 本節で行われる議論の詳細については花田（2012）を参照のこと。

[8] そのため、1997年から2005年の期間で、消費者の自己負担額は約70万円から約60万円の間であり、大きな変動はない。

[9] 2005年に補助政策を終了した結果、普及速度が実際に減少した。そのため、2008年から補助政策が復活することになる。

第 4 章　地方自治体による再生可能エネルギー政策

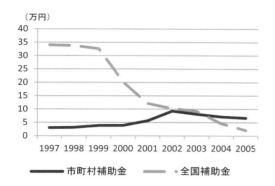

出所）各自治体の政策データをもとに筆者作成

図 4-1　全国的な補助金額と地方自治体による平均補助金額

　しかし、小規模であっても地方自治体の補助政策には、一定の効果があったと考えられる。図 4-2 には1997年から2005年にかけて、独自の補助政策を行っていた地方自治体と行っていなかった地方自治体それぞれの平均導入量を図示している。時期によって各カテゴリーに含まれる地方自治体が異なっているため単純な比較はできないが、それでも地方自治体が独自の補助政策を行うことで一定の効果があったことがうかがえる。

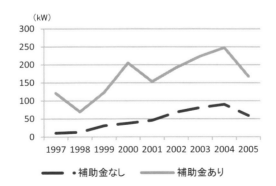

出所）新エネルギー財団のデータおよび各自治体の政策データをもとに筆者作成

図 4-2　補助金政策を行った地方自治体と行っていない地方自治体の平均導入量

87

その効果をより詳細に評価するために、操作変数法を用いた回帰分析を行った。回帰分析とは、ある定量的な結果（被説明変数とよばれる）が、複数の定量的な原因（説明変数とよばれる）によって決まると考え、各原因が結果にどのような方向性の、どの程度の大きさの影響を与えているかを評価する手法である。今回は被説明変数（すなわち結果）として市町村レベルの住宅用太陽光発電の導入量（導入容量及び導入確率）を用い、説明変数（すなわち原因）として、補助金や価格に関するもの、各市町村の人口動態的特性に関するもの（消費電力量や所得、新築戸建住宅件数など）、各市町村の気象条件に関するもの（日照量など）を用いて分析を行った。補助金や価格は購入に必要な費用負担を通じて、また、消費電力や新築戸建件数、日照量は導入のメリットの大きさを通じて導入量に影響すると考えられる。

また、このような分析を行う際には価格の取り扱いに注意が必要である。価格は企業が一方的に提示するものではなく、消費者の動向を見ながら決定される。したがって、導入量自体が価格に影響を及ぼし、分析で想定しているものとは逆の効果が存在する可能性がある。そこで、操作変数とよばれる導入量には影響を及ぼさず、企業の価格設定には影響を及ぼすような要素を用いてその影響を取り除く操作変数法を用いた。操作変数としては、太陽光パネルの主原料であるシリコンの価格を用いた。シリコンの価格は原材料費であり、企業の価格設定には影響を与える。しかし、消費者の購買行動には影響を与えないと考えられる。

以上の手法を用いた分析から、消費者の導入行動を需要曲線という形で知ることができる。そのうえで、「地方自治体による補助金政策がなかった場合」の消費者の行動をこの結果を用いた仮想シミュレーションによって知ることができる。仮想シミュレーションの結果と実際の導入量の差が、地方自治体による補助金政策によって導入量が増えた部分となる。なお、今回の分析では補助政策として直接的な補助金政策のみを取り上げた。地方自治体による補助政策としては、他に新築の際の住宅ローンの補助や低金利の融資なども見られたが、全国的な補助政策との比較が困難なため、今回の分析では対象としなかった。

第4章 地方自治体による再生可能エネルギー政策

　分析の結果、次のことがわかった。まず、モデルの設定から結果に差はあるものの、地方自治体の補助政策により、導入量は約8MWから約65.5MW増加したと考えられる。これは導入量の約1％から約7％にあたる。つまり、地方自治体による補助金政策が行われていなかった場合、この期間の導入量は1％から7％程度少なかったと考えられる。また、地方自治体による補助金の効果は、時間によって低下していくことがわかった。1997年から2001年までは地方自治体による補助金の効果は通常の値引きの効果よりも高かったが、その後は通常の値引きの効果と差があまりなくなる。また、1997年には2001年の約5倍の影響力を持っていたことも示された。

　また、この結果を使うことで、二酸化炭素排出量削減に貢献した量、およびそのためにかかった費用を計算することができる。この時期の住宅用太陽光発電普及促進の主な目的は気候変動防止のための二酸化炭素排出量削減であり、地方自治体によってもたらされた削減量は社会的な価値を、そのための費用は社会的な費用を、それぞれ表すことになる。計算の結果、最も効果の小さい約8MWのケースで約3.1万トン、最も効果の大きい約65.5MWのケースで約25万トンの二酸化炭素排出量削減が行われたことがわかった。また、この期間に地方自治体の補助金として支払われた総額は約122億円であり、二酸化炭素1トンの排出削減に、約2万円から約8千円の費用が掛かったことがわかった。二酸化炭素排出削減の価値は研究によって大きな幅があるが、多くの研究ではその価値を3ドルから20ドルの間で見積もっており（Tol（2009）など）、それと比較するとやや割高であった。

　ここまでの結果をまとめると、次のことが言える。まず、地方自治体による補助政策は1997年から2005年の間の導入量を約1〜7％押しあげていた。次に、それによって二酸化炭素排出量は約3万トンから約25万トン削減されていた。そのためにかかった費用は1トン当たり約2万円から8千円であり、効率性の面からはやや疑問が残る結果となった。

3-3　風力発電の導入が太陽光発電の導入に与えた影響

　次に、風力発電の導入が太陽光発電の導入に与えた影響について論じる。

89

風力発電と住宅用太陽光発電を比較すると、前述のように10kW以上の大型風力発電が最初に設置されたのが1980年、地方自治体が主体となった最初の設置例が1990年であり、住宅用太陽光発電と比較すると、早い時期から導入が行われている。図4-3には1997年から2005年の年度ごとに新設された風力発電の設置主体の割合が示されている。2003年よりRPS法（電気事業者による新エネルギー等の利用に関する特別措置法）が施行された影響により、その前年の2002年から民間電力会社の割合が増えているものの、それまでの時期については地方自治体が主体となった設置例が一定の割合を占めていることがわかる。また、民間発電会社の中にも地方自治体が一定の出資を行っているものや第3セクター的なものも含まれているため、大型風力発電の普及に地方自治体が果たした役割は一定程度あると考えられる。

　しかし一方で、この時期の地方自治体による風力発電事業は赤字となるケースが見られ、批判を浴びることもあった。その原因は様々だが、例えば導入初期段階であるため風況の予測が難しく、当初想定していた発電量が得られないケースが見られた。また、落雷や台風などの事故が頻発する地点に設置してしまうケースもあった。故障が発生すると修理が完了するまでは稼働できないため発電量が減り、修理のための費用も掛かることになる。さらに、この時期は海外のメーカーの機器のほうが初期費用が安いケースも見られ、導入に際して海外メーカーが選ばれることもあった。しかしこのような場合、故障の際に部品を輸入して取り寄せる必要があり、国産のものと比べて費用や時間の面でかえってコストが高くなるケースも見られた。

　このような点から批判を浴びることのあった風力発電事業であるが、一方で大型風力発電の設備は遠くからも視認可能である。したがって、環境意識の高揚などを通じて、事業単体では測れない効果をもたらしていた可能性がある。風力発電事業が行われることで地域の住民に環境問題や再生可能エネルギーについての知識が伝達され、例えば住宅用太陽光発電の導入を後押しするような効果が得られるかもしれない。

　この点を評価するために、1997年から2005年の住宅用太陽光発電の導入データを利用して分析を行った。前節で設定した様々な原因に加え、風力発

第4章　地方自治体による再生可能エネルギー政策

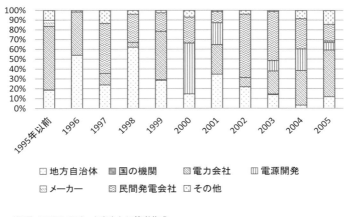

出所）NEDOのデータをもとに筆者作成
図4-3　風力発電の設置主体の割合

電の設置の有無という原因を加え、それが導入量にどの程度の影響を与えたかを推定した。

　推定の結果、次のことがわかった。まず、風力発電を設置している地方自治体では、太陽光発電の導入が押し上げられる効果が観察された。この効果は気象条件や所得、価格といった要素の影響は取り除いたもとでの結果である。また、その効果の大きさは価格の約2.4％の低下、あるいは地方自治体による住宅用太陽光発電への補助金額の約2.5％の増加と同程度であった。前述のようにこの期間の補助金支払額は約122億円であり、この期間全体で約3億円の追加的な補助と同程度の効果を持ったと考えられる。もっともこれは10年間の全地方自治体の合計であり、その意味ではあまり大きな数字ではないかもしれないが、それでも一定の効果を持っていたことがうかがえる。

　また、風力発電の存在が消費者の価格に対する反応に影響を与えると想定したモデルについても分析を行った。消費者は価格を考慮したうえで購買行動を決定し、価格が高ければ購入の決定はそれだけ行われにくくなる。しか

91

し、風力発電の存在により環境意識が高まれば、その価格に対する反応が緩和され、価格が高くても導入する確率が高くなる可能性がある。分析により、風力発電を設置した地方自治体では、消費者の価格に対する反応度が約40％低下するという結果が得られた。価格の変化に購買行動がそれだけ影響されにくくなっているということであり、この時期は価格が高かったことを考慮すると、導入を促進する効果があったと考えられる。

　一方で、設置主体が地方自治体であるということについては、影響があるという結果は得られなかった。つまり、風力発電の設置の効果は設置主体が地方自治体であるか民間であるかによって効果に差はないということである。

　以上の結果をまとめると、まず、風力発電の存在により、住宅用太陽光発電の導入が促進されるという効果が見られた。額としてはあまり大きくなく、情報伝達効果が時間の経過とともに弱まっていることからも、長期的な赤字はやはり望ましいものではない。しかし、こうした事業単体を超えた効果も踏まえたうえで、事業の評価を慎重に行う必要があることを示唆している。また、設置主体が地方自治体であるか否か、すなわち政策として行われているか否か、という点については明確な差が見られなかったため、政策的に設置するのではなく、風力発電を設置する事業者の誘致や、地域内の事業者への援助という形でも一定の効果が得られたと考えられる。地方自治体の政策資源の制約を考えても、自ら主体となって行うべきか否かについては、慎重に考慮する必要があるだろう。

3-4　青森県の状況

　最後に、青森県の状況について概説する。青森県は、日本でも風力発電の導入が最も進んでいる地域の1つである。図4-4にはデータとして用いた最終年の2005年の都道府県レベルの風力発電導入量が示されている。この時点で、青森県における風力発電導入量は全国2位であり、当時の全国1位が面積の広い北海道であることを考えれば、やはりかなり普及が進んでいたと考えられる。ただし、地方自治体が設置主体となったものはこの中では深浦町に1999年に設置されたもののみであり、民間主導で風力発電の設置が

進んだことがうかがえる。設置主体として最も多いのは民間電力会社であり（10件）、次いで東北電力（7件）となっている。

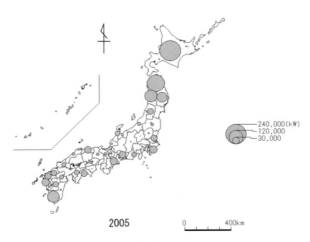

出所）NEDOのデータをもとに筆者作成

図4-4　2005年の都道府県ごとの風力発電導入量

　一方で、太陽光発電についてはこの期間に県内全体で約640kWの導入が行われており、最も普及が進んだのが八戸市（約150kW）、次いで青森市（約95kW）、弘前市（約89kW）となっている。この期間の導入量としては秋田県に次いで下から2番目となっており、その意味では太陽光発電よりも風力発電のほうが普及した地域となっている。一見するとアンバランスなように見えるが、青森県は日照時間が少なく（2005年については年間約1,400時間で、秋田県・新潟県・山形県・福井県・富山県に次ぐ6番目の少なさ。最も多かった静岡県は約2,000時間）、降雪量も多いため、太陽光発電に適した地域ではない。その意味では、地域性にあった導入が行われていると考えられる。

　とはいえ、日照量では青森県に劣る各県を見ると、約520kWの秋田県以外は新潟県（約1,800kW）、山形県（約1,200kW）、福井県（約1,400kW）、

93

富山県（約2,200kW）といずれも青森県の2倍から3倍の導入量である。これらの県の中で2005年の世帯数が青森県よりも多かったのは山形県のみであり、地域的な要因を加味しても普及が進まなかったようだ。

この背景には、太陽光発電に対する補助金政策が、青森県内ではこの時期まで取られていなかったことがあると考えられる。2005年の時点で、青森県と秋田県には太陽光発電に対し導入量に応じた補助を行っている地方自治体は1つもない。山形県で7市町、新潟県では4市、富山県では3市町で地方自治体による補助が、福井県では県による補助が県内全域を対象に行われていた。こうした点が、導入量の差につながったと考えられる。

4．今後の再生可能エネルギー政策のありかた

最後に、今後の再生可能エネルギー政策のあり方について議論を行う。

今後の再生可能エネルギー政策でまず考えるべきは、最適なエネルギーミックスを考慮した普及政策を行うということである。図4-5は、FIT制度で認定を受けた設備の導入容量[10]を、都道府県別に示したものである。円の大きさが設備容量全体の大きさを表し、各エネルギーの割合が示されている。例えば青森県であれば、全体で約67万kWの設備が導入されており、その内訳は太陽光が約59万kW（約88％）、風力が約8万kW（約12％）、水力が約880kW、地熱は0となっている。図から、全国的に太陽光発電の導入量がかなり多くなっており、秋田県や青森県などの一部の都道府県を除いて大半が太陽光発電であることがわかる。第2節で述べたように、太陽光発電は発電可能時間に制約がある。さらに5月の連休やお盆などの時期には工場の休業で需要が減り、天候の状況から供給が増えるため過剰な供給が発生

---

[10] FIT制度においては認定容量と導入容量の2つの設備容量が公表されている。認定容量は認定を受けた設備容量であり、導入容量はその中で買取を開始した（つまり、操業を開始した）設備容量である。FIT制度の買取価格は認定年度のものが適用され、かつ年度とともに設定価格を減らすことが当初より発表されていたため、とりあえず認定だけを受け、操業を開始しない設備の大きさが問題となっている。その点を考慮し、ここでは実際に稼働を開始した導入容量を用いて議論を行っている。

第 4 章　地方自治体による再生可能エネルギー政策

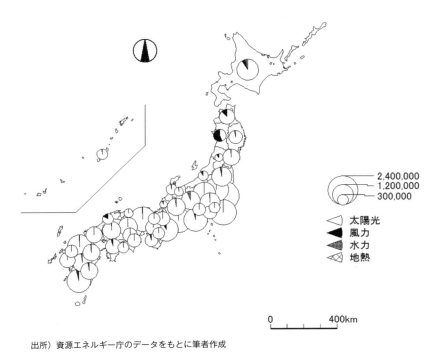

出所）資源エネルギー庁のデータをもとに筆者作成

図 4-5　FIT 制度での導入容量（2017 年 12 月）

し、出力抑制が必要になる可能性が以前より指摘されてきた。今後はバランスの良い普及の促進と、系統を安定させるための技術の普及が求められる。

　青森県については、2017 年 12 月末時点の FIT 制度の導入容量は全国で 23 番目であり、ほぼ中位である。特徴としては太陽光発電の割合が低く（90％を下回るのは山形県、青森県、島根県、秋田県の 4 県のみ）、風力発電の割合が高い（10％を超えるのは秋田県、島根県、青森県の 3 県のみ）ことである。設備容量も風力発電は秋田県（約 24 万 kW）、三重県（約 13 万 kW）に続く第 3 位である。この点は他の都道府県と比べると大きな特色であり、エネルギーミックスの観点から独自の地位を築ける可能性がある。

　今後、青森県が目指すべき方向として、以下の点を指摘したい。

まず1つめは、現在の風力発電についての優位性を十分に活かすことである。風力発電は出力は不安定だが、夜間の発電が可能という太陽光発電にはない強みを持っている。また、2005年から現在に至るまで、常に日本で最も多くの設備が可動していた地域の1つであり、運用の経験も豊富である。現在、企業が利用するエネルギーの100%を再生可能エネルギーから調達するというRE100運動が世界的に広がっている。風力発電の夜間でも発電可能という他地域で普及している太陽光発電にはない強みを活かし、RE100運動に参加している企業にアピールすれば、工場誘致などに繋がる可能性がある。風力発電の強みを活かすためには、設備更新の補助政策が良いと考える。青森県は全国的にも早い時期に多くの設備が設置された地域であり、そのため更新時期を迎えている設備もある。これまで可動してきた風力発電設備は、稼働経験の蓄積から、発電量がある程度予測可能だという点で新設の設備よりもリスクが少ない。前述のように、地方自治体が主体となること自体にはあまり追加的な効果がない。したがって、地方自治体自らが事業を興すよりは、現在すでに操業を行っている事業者に補助を行うほうが、政策資源の活用としては効率が良いかもしれない。また、洋上風力発電の技術開発にも力を入れるべきであろう。陸上における風力発電の適地にはやはり限界があり、現状から爆発的に設備容量を増やすのは難しい。三方を海に囲まれているメリットを活かすためにも、洋上風力発電の技術開発は重要な鍵となるだろう。

2つめは、バイオマス発電や蓄電池など、風力発電の弱みを補完する技術や設備に対して、投資を行うことである。バイオマス発電は化石燃料との混焼が基本となり、瞬時調整力が高い。出力が不安定であるという風力発電の弱点を補う再生可能エネルギーの調整力として期待できる。青森県はブナなどの木質資源に富み、バイオマス発電の原料を県内で調達できるため、輸送のコストも低い。現在、青森県はバイオマスの活用を援助しており、ナガイモの残渣を利用したバイオマス発電の技術開発を行うなど、環境は整いつつある。この状況を継続することで、風力発電の資源価値を高める相乗効果をもたらすと考えられる。

第4章　地方自治体による再生可能エネルギー政策

　3つめは、充電スタンドの普及の促進である。充電スタンドは電気自動車などの普及のために必要だという側面ももちろん重要だが、それと同じくらい、電力系統に貢献する技術としての重要性を持っている。充電スタンドの大容量蓄電池が低圧系統に接続されることで、電圧制御や周波数制御を助ける働きが期待される。青森県の場合、住宅用太陽光発電については発電効率があまり高くなく、普及に有利な地域ではない。それでも、低圧系統に一定量の太陽光発電が導入された場合、逆潮流による電圧の上昇などが発生し、系統の安定運用が困難になると考えられる。それを防ぐためには柱上変圧器の増設など設備投資が必要になるが、今後の人口減少等を考えると、費用対効果が良くない可能性がある。系統安定専用の設備投資よりは、他の用途もあり系統にも貢献できる技術を普及させたほうが、費用対効果が良い。充電スタンドが普及すればスタンド自体の系統貢献に加え、電気自動車などの利便性が高まり、普及が進む可能性がある。こうした車はそれ自体が小型の蓄電池であるため、系統の安定にさらに貢献する。補助の与え方としては、定額ではなく、系統貢献に応じて支払われる従量的なものが良いだろう。つまり、系統安定のために蓄電池が必要になった際に、機能として提供した割合（充電量または放電量）に応じて補助を与えるべきである。これにより、より系統貢献に必要な地域ほど（提供量が増えるため）補助額が大きくなり、設置の誘因が高まる。事業者はスタンドとしての利益と系統貢献による利益を両方含めた利益が最大になる点に立地することになるため、社会全体の利益が増大する。定額の場合、スタンドとしての利益のみを考えて立地が選択されるため、貢献が少ない地域に一定の補助金を支払う可能性があり、効率も良くない。

　4つめは、地熱発電開発の支援である。2017年12月末の時点で、青森県にはFIT制度で認定されている地熱発電は存在せず、全国的にも地熱発電の認定件数は少ない。日本全国で49件しかなく、38件が大分県に集中している。第2節で述べたように、地熱発電はリードタイムが長く、初期投資が必要となる。したがって他の再生可能エネルギーに比べ、普及が遅れている。しかし、他の再生可能エネルギーにはない安定性という強みを持ってお

97

り、本来はベースロード電源として積極的に普及を進めていくべきだ。青森県は火山や温泉があり、一定の地熱資源を有している。温泉地に隣接する地熱発電には昔から抵抗感が強いが、現在の技術では影響はあまりない。また、温泉発電という、かなり低温の地熱を用いた発電技術も開発されている。地熱発電の認定件数の多くが大分県に集中していることからもわかるように、温泉地で温泉発電や地熱発電を行うことで、観光資源を増やし、修学旅行や研修旅行の誘致にもつながるかもしれない。また、初期投資に際して低金利で融資を行う政策などを他の都道府県に先んじて積極的に行えば、地熱発電に関心がある事業者を青森県に呼び込むことができるかもしれない。地熱発電の増加は日本全体のエネルギー政策にも重要であり、地熱発電の県としてのイメージを他の都道府県に先んじて確立するための投資を行うメリットがあるのではないか。秋田県が風力発電のイメージで一定の成果を上げているように、青森県が地熱発電のイメージを確立すれば、東北地方全体にとっても意義があるのではないかと考える。

　以上のような政策を行う上で意識すべき点は、やはり各再生可能エネルギーの特徴を理解し、地域性を活かすということだ。各再生可能エネルギーの効率性は、地域特性の影響を少なからず受ける。例えば太陽光発電は、日本で最も発電量の多い高知県と最も少ない秋田県では年間で約300kWhの差があり、効率性には20%から30%の差がある。風力発電も、スペインの稼働率約24%に対してドイツの稼働率約18%など、地域差が大きい。したがって、他の地域の政策を真似るのではなく、地域性を活かす判断を行うべきである。青森県について言えば、やはり太陽光発電よりは風力発電のほうが効率が良い地域である。また、第3節で見たように、初期の政策の遅れから太陽光発電の普及は他の地域に劣っている。政策の効果が時間とともに減衰することも踏まえれば、青森県が今から太陽光発電の普及に力を入れることにはあまりメリットが無い。全国的に見ても太陽光発電はバランスを欠いて普及してしまっており、これ以上の促進にはデメリットが多い。青森県が地域的に有利な風力発電や、他の地域に先んじることが可能な地熱発電への支援を増やすとともに、バイオマス発電や充電スタンドなど、強みである風

力発電を補完し、県内に独自性や強みもあるものに対して政策を行っていくべきであろう。このことは青森県内に限らず、市町村も含めた日本のすべての地方自治体に言えることである。各地方自治体が地域性に基づいて適切な政策を行い、その効果が組み合わさることで、さらに相乗的な効果が得られることが期待される。

【参考文献】

花田真一（2012）『再生可能エネルギー普及政策の経済評価』、三菱経済研究所

R.J.Tol（2009）"The Economic Effects of Climate Change", *Journal of Economic Perspective*, 23, pp.29-51

第5章

北東北・北海道の地域間交通の課題

ポイント

- ○ 交通利便性の改善された地域と青森県間の交通量は増加傾向にある。

- ○ 交通利便性の相対的変化は地域経済に影響を与えるため、交通需要分析は重要である。

- ○ 北海道新幹線開業は鉄道利用を増加させるが、航空等への影響は大きくないと予想される。

第5章　北東北・北海道の地域間交通の課題

大橋　忠宏

1．はじめに

　本章では、地域間高速交通の整備が北東北・北海道の地域間の旅客市場に与える影響について検討する。そして、将来の青森県人口80万人時代の地域間交通について考える。

　北東北・北海道の地域間交通網の変化は1980年代に始まる。青森県関連に限って見ると、鉄道は、1982年東北新幹線大宮・盛岡間開業に始まり、3年後には上野・大宮間が開業している。その後、2002年には盛岡・八戸間の開業、2010年に東北新幹線東京・新青森間全線が開業している。2016年には北海道新幹線新青森・新函館北斗間が開業し、2031年には札幌までの延伸が計画されている。道路は、1987年に東北自動車道全線（川口・青森間）が開業している。航空は、1985年に航空機のジェット化に対応可能な現在の青森空港が開港し、その後も滑走路の延伸・高カテゴリー化などの整備が行われている。

　高速交通網の整備は、地域間の時間距離を短縮するだけでなく、地域間交通の経路の変更による人やものの流れの変化をもたらし、地域間の相対的な関係に大きな影響を与える。新幹線開業等のニュース報道の際、地方から大都市圏への時間短縮効果を強調する傾向にあるが、大都市圏側から地方への

人口80万人時代の青森を生きる―経済学者からのメッセージ―

時間短縮も同じように生じる。その結果、長期的には支店・営業所等の再配置が進むなど、いわゆるストロー効果が起きる可能性がある。

上記に加えて、地方では長期的な人口減少が進むことが指摘されており、地方創生や地域活性化を考える上で、地域間旅客輸送を地方の側面から整理することは重要であると考える。以下、2.では1990～2010年の青森県を中心とする地域間旅客数の推移について概観する。3.では、大橋・柴田（2017）のモデルを説明し、4.で大橋・柴田（2017）モデルによる北海道新幹線開業が地域間旅客市場に与える影響について考察する。最後に5.では北海道新幹線開業効果の分析を元に青森県人口80万人時代の地域間旅客輸送について考える。

2．青森県を起終点とする地域間旅客数の変化

青森県に隣接する北海道と岩手、秋田間及び青森・東京間の旅客数の推移について、幹線旅客純流動調査[1]を基に見ていこう[2]。

青森県・北海道間の旅客流動の推移については次の通りである。表5-1を見ると、青森・道央間の旅客流動について、旅客数は1995年をピークに減少傾向にある。交通機関別の内訳を見ると、自動車とフェリーは期間を通じて交通機関分担率が減少傾向にあるのに対して、鉄道と航空の交通機関分担率は増加傾向にある。鉄道の分担率増加の理由としては、1988年の青函トンネル開業の影響が大きいと考えられる。また、航空の分担率の増加は1988年の新千歳空港開港とその後のJR千歳線の空港乗り入れによるアクセス改善等が考えられる。なお、2000年の鉄道分担率が一時的に減少している理由は有珠山の噴火によるものである。次に、青森・道南間の旅客数につ

---

[1] 交通量に関するデータには、純流動と総流動の2種類が存在する。前者はトリップ単位で作成されるものであり、後者は交通機関あるいは運航（運行）毎に作成されるものである。経済学での余剰分析などの計算を行う場合、理論と整合的である純流動データを利用する必要がある。

[2] 参考として、青森県を起終点とする旅客数の全都道府県の合計については、1990年から2005年にかけて増加し続けており、2005年時点で1,300万人台後半まで延びている。しかし、2010年の旅客数は若干減少している。

第5章　北東北・北海道の地域間交通の課題

いては、表5-2に示すように1990年から1995年にかけて減少傾向にあるものの1995年以降は増加傾向にある。交通機関別に見ると、道央と同様に自動車・フェリーの減少に対して鉄道利用率が大幅に増加している。特に青森・道南間では鉄道の分担率増加が非常に大きい。

表5-1　青森・道央間の交通機関分担率と旅客数の推移

道央		1990	1995	2000	2005	2010
交通機関分担率	航空	25.3%	32.6%	34.7%	31.7%	36.5%
	鉄道	19.4%	24.7%	14.4%	28.8%	31.9%
	船	37.5%	27.1%	32.7%	23.7%	26.0%
	バス	0.0%	1.2%	3.0%	1.1%	0.0%
	自動車	17.9%	14.4%	15.2%	14.8%	5.6%
旅客数（千人）		202	253	250	186	162

出所）国土交通省「幹線旅客純流動調査」

表5-2　青森・道南間の交通機関分担率と旅客数の推移

道南		1990	1995	2000	2005	2010
交通機関分担率	航空	0.5%	0.2%	0.0%	0.0%	0.0%
	鉄道	11.9%	43.8%	58.3%	79.2%	79.2%
	船	74.3%	44.4%	33.4%	16.1%	16.1%
	バス	0.0%	0.8%	0.0%	0.0%	0.0%
	自動車	13.3%	10.9%	8.3%	4.7%	4.7%
旅客数（千人）		294	248	252	363	363

出所）国土交通省「幹線旅客純流動調査」

　次に、青森県と隣接する岩手・秋田県との間の旅客流動の推移について見ていこう。青森・岩手県間（表5-3）、青森・秋田県間（表5-4）の旅客数は共に1995年から2000年の間で一旦減少しているが、それ以外の期間については増加している。交通機関別で見ると、どちらも自動車の分担率が大きく、青森・岩手県間では期間を通じて90％を超えており、青森・秋田県間では1995年以降、90％台後半で推移している。

105

人口80万人時代の青森を生きる―経済学者からのメッセージ―

表5-3　青森・岩手間の交通機関分担率と旅客数の推移

岩手		1990	1995	2000	2005	2010
交通機関分担率	航空	0.0%	0.0%	0.0%	0.0%	0.0%
	鉄道	5.2%	3.7%	4.7%	5.0%	5.0%
	船	0.0%	0.0%	0.0%	0.0%	0.0%
	バス	2.0%	1.3%	1.2%	1.6%	1.6%
	自動車	92.9%	95.0%	94.0%	93.5%	93.5%
旅客数（千人）		3,428	4,540	4,085	6,128	6,126

出所）国土交通省「幹線旅客純流動調査」

表5-4　青森・秋田間の交通機関分担率と旅客数（千人）の推移

秋田		1990	1995	2000	2005	2010
交通機関分担率	航空	0.0%	0.0%	0.0%	0.0%	0.0%
	鉄道	3.8%	2.6%	3.9%	2.0%	2.0%
	船	0.0%	0.0%	0.0%	0.0%	0.0%
	バス	6.7%	0.0%	0.1%	0.0%	0.0%
	自動車	89.6%	97.3%	96.0%	98.0%	98.0%
旅客数（千人）		1,372	2,010	1,967	3,083	3,078

出所）国土交通省「幹線旅客純流動調査」

表5-5　青森・東京間の交通機関分担率と旅客数（千人）の推移

東京		1990	1995	2000	2005	2010
交通機関分担率	航空	24.3%	34.5%	43.1%	26.0%	27.2%
	鉄道	59.6%	36.0%	34.2%	59.4%	61.6%
	船	0.1%	0.2%	0.5%	0.0%	0.0%
	バス	8.0%	13.2%	11.6%	11.3%	9.1%
	自動車	8.0%	16.1%	10.5%	3.2%	2.2%
旅客数（千人）		892.5	666	736	749	717.5

出所）国土交通省「幹線旅客純流動調査」

　青森・東京間の旅客流動について見ていこう。表5-5を見ると、青森・東京間の旅客数は1995年に減少しているがそれ以外はほぼ横ばいで推移し

ている。交通機関分担率は、航空と鉄道の割合が高い。航空機関分担率は1990～2000年にかけて増加したが、2005年に一旦減少している。これは、羽田拡張や航空規制緩和による影響で航空機関分担率が上昇したが、2001年の米国同時多発テロや2003年のSARSアウトブレイクにより航空需要が減少して2003年に青森空港からのANA撤退したことによると考えられる。幹線旅客純流動調査では、生活圏間の旅客流動も観測されており、青森県内でも青森・県南・津軽生活圏と東京間では交通機関分担率には大きな差がある。東北新幹線八戸延伸前の2000年の青森・南部・津軽生活圏の交通機関分担率は、青森では航空67%、鉄道27%、バス6%である。同様に南部では航空34%、鉄道63%、バス3%であり、津軽では航空49%、鉄道39%、バス12%である。八戸延伸後の2005年には、青森では航空40%、鉄道52%、バス8%であり、南部では航空13%、鉄道83%、バス4%と鉄道の分担率上昇が顕著である。津軽では航空43%、鉄道22%、バス25%であり、バスの分担率の上昇と鉄道の分担率低下が見られる。

　前述したように、高速交通機関の整備や市場環境の変化は地域間交通に大きな影響を与える。北東北地方での高速交通の変化としては、北海道新幹線の整備が計画されている。この影響について、次の章では筆者らが行った大橋・柴田（2017）の分析を元に議論する。

3．交通機関分担率モデルと交通需要モデル

　筆者らが行った大橋・柴田（2017）での交通機関分担率モデルと地域間の交通需要モデルについて説明しよう。

　当該研究では、北海道新幹線開業が北東北・北海道の地域間旅客市場に与える影響について分析するため、地域間交通需要関数と交通機関分担率の2つのモデルを構築・推定し、事後予測的に北海道新幹線開業による旅客市場への影響についてシナリオ分析を行っている。

　モデルの枠組みとしては、2010年度の50ゾーン（都府県及び北海道4ゾーン）間の代表交通機関別純流動や時刻表等を利用して、交通機関分担率とゾーン間OD交通量の推定を行っている。交通機関分担率はロジットモデル

人口80万人時代の青森を生きる―経済学者からのメッセージ―

として定式化・推定されている。ゾーン間OD交通量は重力モデルとして定
式化・推定されている。

交通機関選択モデルの推定結果[3]は式 (1) の通りである。

$$P_{ij}^m = \frac{\exp(V_{ij}^m)}{\sum_{m' \in M(i,j)} \exp(V_{ij}^{m'})}$$

$$\text{for } \forall i, \forall j \in I, \forall m \in M(i,j) \quad (1)$$

$$V_{ij}^m = -0.00004 fare_{ij}^m - 0.00018 accfare_{ij}^m - 0.00418 time_{ij}^m$$

$$-0.00132 acctime_{ij}^m + 0.001578 freq_{ij}^m - 0.00233 dist_{ij}^m cardum_{ij}^m - 0.07374 n_{ij}^m \quad (2)$$

ここで、P_{ij}^m は発地を i、着地を j とする旅行者が交通機関 m を選択する確
率とし、V_{ij}^m は発地を i、着地を j とする旅行者が交通機関 m を選択する際
に得られる効用の確定項、$M(i,j)$ は発地を i、着地を j とする旅行者が選択
可能な交通機関からなる集合、I は発地あるいは着地の全体からなる集合
とする。$fare_{ij}^m$、$accfare_{ij}^m$、$time_{ij}^m$、$acctime_{ij}^m$、$freq_{ij}^m$、$dist_{ij}^m$、
$cardum_{ij}^m$、n_{ij}^m をそれぞれゾーン ij 間での交通機関 m 利用時の運賃、アク
セス／イグレス運賃、所要時間、アクセス／イグレス時間、運行（運航）頻
度、距離、自動車ダミー、乗継ぎ回数である。式 (2) の各変数の係数の符号
について、代表交通機関の運賃（$fare_{ij}^m$）、アクセス／イグレス交通の運賃
（$accfare_{ij}^m$）、所要時間（$time_{ij}^m$）、アクセス／イグレス時間（$acctime_{ij}^m$）
の増加・上昇はトリップ費用の増加を意味すると解釈される。運行（運航）
頻度（$freq_{ij}^m$）の増加は利用者の利便性を高めると解釈される。自動車利
用時の距離（$dist_{ij}^m \cdot cardum_{ij}^m$）は自動車利用時の燃費等に起因する費用
の代理変数であり、距離が長くなるほど費用は増加すると解釈される。乗り
継ぎ回数（n_{ij}^m）については、当該変数が多い程、利用者の利便性を下げる
と解釈される。なお、各係数のt検定の結果としては、$accfare_{ij}^m$ と n_{ij}^m 以
外の係数は5%水準で有意であり、自由度修正済み決定係数は0.377である。

---

[3] 式 (1) の両辺の対数をとり、各ゾーン間について自動車選択時の値を分母とし、他の
交通機関の値を分子にとったものについてOLSにより推定している。

第5章　北東北・北海道の地域間交通の課題

次に、交通需要モデルの推定結果[4]は式 (3) の通りである。

$$T_{ij} = 0.000136 pop_i^{0.824} pop_j^{1.055} (LOS_{ij})^{-0.929}$$

$$\text{for } \forall i, \forall j \in I, \forall m \in M(i,j) \quad (3)$$

ここで、T_{ij} は発地を i、着地を j、とする OD 交通量とし、pop_i、pop_j は発地 i、着地 j それぞれの人口とする。LOS_{ij} は i,j 間のアクセシビリティ指標であり、$LOS_{ij} = \sum_{m' \in M(i,j)} \exp(V_{ij}^{m'})$ のように定義する。式 (3) について、pop_i、pop_j は起終点間の需要のポテンシャルであり、i、j の人口が多いほど、交通量 T_{ij} が増えると解釈される。LOS_{ij} は、式 (1)、(2) から明らかなようにトリップ費用を代表する指標となっており、当該指標が減少するほど交通量 T_{ij} は増えると解釈される。式 (3) の各変数の係数の t 検定の結果はすべての係数について 5 ％水準で有意であり、自由度修正済み決定係数は 0.717 である。

上記の交通機関選択モデルと交通需要モデルを利用して、次章では北海道新幹線開業による北東北・北海道を中心とした地域間交通への影響について議論する。

4．北海道新幹線開業の北東北・北海道の地域間交通への影響

本節では、大橋・柴田（2017）を基に 3. で説明したモデルに対して事後予測的な分析として 2 つのシナリオ（(ⅰ) 東北新幹線八戸以北開業及び北海道新幹線部分開業の場合、(ⅱ) 北海道新幹線全線開業の場合）を設定する。北海道新幹線と東北新幹線の沿線地域について計算を行ったが、紙面の都合から道央、道南、青森、岩手、東京の地域間の結果のみ掲載している。

新函館北斗までの部分開業の場合、時刻表を基に実績値を設定している。すなわち、新函館北斗・新青森間では新幹線開業後、便数は 9 便から 13 便、運賃は 5,340 円から 7,620 円になる。時間は 107 分から 74 分に変化する。新幹線開業により鉄道モードの時間短縮効果が見込まれる一方、運賃につい

---

[4] 式 (3) の両辺の対数をとったものを OLS により推定している。

109

ては2割程度値上がりする。

　札幌まで全線開業の場合、札幌までの延伸による鉄道モードの便数、運賃、時間については未公表であるが、新函館北斗の開業データや国土交通省資料をもとに設定している。具体的には、道央・道南間では、新幹線開業に伴い室蘭経由の迂回距離から小樽経由への比較的直的札幌までを結ぶため営業距離が短くなり、新幹線料金を考慮しても鉄道運賃の値下げが見込まれており、道央-道南間では開業後運賃を8,070円に設定した。また道央・東京間では、将来的に新幹線速度の上昇やダイヤの見直しを行い、5時間台での運行を目指したいとJR北海道が会見で発表している。そのため札幌まで開業した場合のシナリオでは札幌・東京間の運行時間を301分に設定した。なお、入力データの変化には、新青森から八戸までの新幹線開業による時間短縮効果も含まれている点に留意されたい。

（i）北海道新幹線新函館北斗までの部分開業の場合

　北海道新幹線が新函館北斗まで開業する場合の分析結果を表5-6に示す。表左の"需要変化"欄は部分開業後の需要と現況の需要の差（千人）、交通機関別内訳欄には交通機関別の部分開業後と現況の需要の差（千人）と括弧内に交通機関分担率の部分開業後と現況の差（%）を掲載している。な

表5-6　北海道新幹線新函館北斗まで開業の効果（現況との比較）（単位：千人）

単位（千人）		北海道新幹線　新函館北斗駅まで開業のケースの効果										
		需要変化	交通機関別内訳（括弧内は交通機関分担率の変化）									
			鉄道		バス		フェリー		自動車		航空	
道央	道南	0.0	0.0	(0%)	0.0	(0%)	0.0	(0%)	0.0	(-1%)	0.0	(0%)
	青森	2.3	2.4	(2%)	0.0	(0%)	-0.1	(-1%)	-0.1	(-1%)	-0.1	(-2%)
	岩手	4.1	4.3	(8%)	0.0	(0%)	-0.1	(-2%)	0.0	(0%)	-0.2	(-8%)
	東京	17.0	17.9	(5%)	0.0	(0%)	-0.1	(-1%)	0.0	(0%)	-1.0	(-6%)
道南	青森	-1.2	-1.3	(-1%)	0.0	(0%)	0.0	(0%)	0.0	(0%)	0.0	(0%)
	岩手	6.0	6.1	(3%)	0.0	(0%)	-0.2	(-4%)	0.0	(0%)	0.0	(0%)
	東京	26.4	27.5	(4%)	0.0	(0%)	0.0	(0%)	0.0	(0%)	-1.2	(-5%)

出所）大橋・柴田（2017）を基に筆者作成

第5章　北東北・北海道の地域間交通の課題

お、"現況" とは3. で説明したモデルを使った現況データでの計算結果である。

　表5-6を基に北海道新幹線部分開業の効果を見ていこう。道央を起点とした場合の結果を見ると、鉄道の選択率は、道央・青森では2％増加、道央・岩手では8％増加、道央・東京では5％増加した。鉄道需要は新幹線の開業による運賃等の変化がない道央・道南を除く全てのゾーン間で増加している。道央・青森では2.3千人、道央・岩手では4.1千人、道央・東京では17.0千人増加した。一方、他交通機関の分担率は減少するものの、需要量は微減にとどまっている。

　次に道南を起点とした場合の結果を説明する。鉄道分担率は、道南・青森では微減、道南・岩手では3％増、道南・東京では5％増加した。鉄道需要は、道南・青森では1.2千人の減少、道南・岩手では6.0千人、道南・東京では26.4千人増加した。道南・青森では需要が微減となる理由としては、新幹線区間では時間短縮されるが、新函館北斗と函館を結ぶリレー列車の分の運賃（360円）と時間（17分）が費用として発生する。さらに、新幹線区間の運賃が増加する結果、現況に比べて鉄道の一般化費用が増加するため現況に比べて需要は減少する。その他のゾーン間では総じて鉄道の一般化費用が減少するためゾーン間の需要は増加する。また、鉄道の一般化費用が減少するゾーン間で鉄道の交通機関分担率が増加して他の交通機関分担率は減少するものの、需要減少は大きくないことがわかる。

(ii) 北海道新幹線全線開業の場合

　北海道新幹線が札幌まで開業する場合の分析結果を表5-7に示す。

　表5-7を基に新幹線の開業が旅客市場に与える影響について説明しよう。道央を起点とした場合の結果について、鉄道の交通機関分担率は、道南間で8％増、青森間で16％増、岩手間で24％増、東京間で19％増加する。鉄道需要は、道南間では6.1千人、青森間では18.9千人、岩手間では16.3千人、東京間では72.2千人増加する結果となる。なお、道南を起点とする結果は新函館北斗駅開業パターンの場合と同様のため説明を省略する。

111

人口80万人時代の青森を生きる―経済学者からのメッセージ―

表5-7　北海道新幹線全線開業の効果（現況との比較）（単位：千人）

単位（千人）		北海道新幹線　札幌駅まで開業のケースの効果									
		需要変化	交通機関別内訳（括弧内は交通機関分担率の変化）								
			鉄道		バス		フェリー		自動車		航空	
道央	道南	5.8	6.1	(8%)	-0.1	(-2%)	0.0	(0%)	-0.2	(-5%)	-0.1	(-3%)
	青森	18.0	18.9	(16%)	0.0	(0%)	-0.2	(-4%)	-0.3	(-6%)	-0.4	(-9%)
	岩手	15.7	16.3	(24%)	0.0	(0%)	-0.1	(-4%)	0.0	(0%)	-0.6	(-21%)
	東京	68.6	72.2	(19%)	0.0	(0%)	-0.1	(-1%)	0.0	(0%)	-3.6	(-20%)
道南	青森	-1.2	-1.2	(-1%)	0.0	(0%)	0.0	(0%)	0.1	(0%)	0.0	(0%)
	岩手	6.0	6.1	(3%)	0.0	(0%)	-0.1	(-4%)	0.0	(0%)	0.0	(0%)
	東京	26.4	27.6	(4%)	0.0	(0%)	0.0	(0%)	0.0	(0%)	-1.2	(-5%)

出所）大橋・柴田（2017）を基に筆者作成

　北海道新幹線が札幌まで全線開業する場合、鉄道の需要増加は大きいものの、（ⅰ）の場合と同様に他交通機関の需要に与える影響は大きくない。新幹線開業が鉄道需要へ与える影響としては、特に道央と本州を結ぶ旅客市場に与える影響は大きく、総需要は25％～50％近く増加する。理由として、時間短縮効果が新函館北斗駅開業の場合とは異なり新函館北斗・函館間の時間コストが短縮される影響が大きいためである。

5．おわりに

　本章では、北海道新幹線の開業が旅客市場（特に北海道・北東北）にどのような影響を与えるのかを交通機関選択モデルと交通需要モデルを使って評価した。分析の結果は次のようにまとめられる。

1．新函館北斗まで部分開業する場合、青森・道南間以外のゾーン間では鉄道で10％近くの需要増加となるが、道南・青森間では需要が減少する。
2．札幌まで開業する場合、各ゾーン間での鉄道需要は増加する。また鉄道以外への機関分担率に与える影響はそれほど大きいわけではなく、ゾーン間の旅客需要全体は青森・道南を除いて増加する。

　なお、本章では入手可能な最新の純流動データである2010年のものを利用しており、新幹線以外の当時の社会環境が変化しないという条件の下での

第5章　北東北・北海道の地域間交通の課題

旅客市場への影響の可能性を論じたものである。また、モデルの当てはまりの向上などの課題もあり、数字の多寡を論じるには注意が必要である。

　最後に、青森県の将来人口は長期的には減少することが予想されている。2010年当時の青森県人口は139万人であり、仮に80万人にまで減少したと仮定し、他の条件が変化しないという前提が成り立つなら、人口減少が旅客市場に与える影響は大きく、式（3）に人口減少の影響を考慮すれば青森県発着の旅客数は63%程度まで減少されると計算される。したがって、人口減少は交通環境を大きく変化する可能性を持っており、将来需要を見越した長期の計画・対応が必要であろう。

【参考文献】

独立行政法人鉄道建設運輸施設整備支援機構（2012）「北陸新幹線（長野・金沢間）北海道新幹線（新青森・新函館（仮称）間事業に関する対応方針 の変化」（www.jrtt.go.jp/ 01Organization/org/pdf/jk23-10-1.pdf）（2015/12）

江口徹・森崎修平・森林萌・平石政道（2011）「北海道新幹線に関する費用便益分析」（www.pp.u-tokyo.ac.jp/courses/2010/documents/graspp2010-5113090-1.pdf）（2015/12）

JR北海道「新幹線スペシャルサイト」（http://hokkaido-shinkansen.com/）（2015/12）

国土交通省国土技術政策総合研究所（2007）、『航空需要予測について』三菱総合研究所

国土交通省「全国幹線旅客純流動調査」（http://www.mlit.go.jp/sogoseisaku/ soukou/sogoseisaku_soukou_fr_000016.html）（2015/12）

函館市「北海道新幹線開業PRページ」（http://www.hakobura.jp/shinkansen/）（2015/12）

枦元淳平、塚井誠人、奥村誠（2003）「複数経路を考慮した鉄道・航空ネットワークの評価」、『土木計画学研究・論文集』No.20、pp.255-260

北海道総合政策部交通政策局新幹線推進室「北海道新幹線のページ」（http://www. pref.hokkaido.lg.jp/ss/skt/）（2015/12）

武藤雅威、内山久雄（2002）「新幹線と航空の競合時代を反映した国内旅客幹線交通の現状と展望」『運輸政策研究』No.4、pp.2-7、運輸政策研究機構

大橋忠宏、柴田優起（2017）「新幹線整備が北海道・北東北の旅客市場に与える影響」『弘前大学経済研究』Vol.40、pp.55-65

第6章

金融技術革新と
人口減少下の地域銀行

ポイント

○ 金融技術（フィンテック）革新と人口減少という２つの大きな経済環境変化の中で、地域銀行業において、今後どのような事業モデルが優位をもつかを検討する。

○ とくに、現行の銀行に多い伝統的フルラインナップ型の事業モデルについて、歴史的意義と今後の展望を示す。

○ さらに、地域銀行が供給するサービスの代替性が、まず決済、次いで預金において波及的に強まるという観点から、今後議論されることになると考えられる脱フルラインナップ型の事業モデルと課題を示す。

第6章　金融技術革新と人口減少下の地域銀行

飯島　裕胤[*]

1．はじめに

1-1　金融庁有識者会議資料の衝撃

　銀行の将来に関心をもつ者にとって、2018年4月に出された金融庁有識者会議資料「地域金融の課題と競争のあり方」に含まれる1枚の図は、きわめて大きな衝撃であった[1]。都道府県ごとの銀行の事業収益に関する試算結果を表したこの図は、仮に1行独占になったとしても、実に23県において採算がとれないことを示している。本格的な人口減少を迎えるにあたって、地域銀行業は不採算であるという指摘には、底知れぬ不気味さがある。

　この衝撃の大きさは、私たちを、事態をできるだけ小さくとらえたいとい

---

[*]　筆者連絡先：iijima@hirosaki-u.ac.jp
　　謝辞：本章の草稿を2018年6月に開催された「第2回政策科学研究会」（弘前大学人文社会科学部地域未来創生センターと青森県企画政策部の共催による）で報告しました。その際に頂いたコメントを反映して、内容を改めて説明を大幅に加えています。ご示唆頂いた出席者の方々に御礼申し上げます。ただし、念のため明記しますが、ここに書かれているものは全て筆者の責によるものであり、出席者や所属機関の見解を示したものではありません。
[1]　金融庁、金融仲介の改善に向けた検討会議（2018）を参照。また、同年の日本経済新聞5/29、6/14付記事も参照。

う誘惑に駆り立てる。歴史的低金利という、銀行業にとって大きな逆風が吹く中での異常事態にすぎないのではないか[2]。あるいは、今や地方銀行の貸出は県内（本拠地内）とは限らないのだから、採算がとれる都市部での貸出を強化すれば収益を確保できるのではないか、といった具合である。さらには、合併統合によって難局をやり過ごすことができるのではないか、という向きもあろう。

　この資料は、ごく粗い試算に基づくものである。よって具体的に何県が不採算であるかを論じることに意味はない。とはいえ、これから本章で述べてゆくように、今後たとえば30年間の大きな社会構造変化を考えると、上の問題回避的な理屈は、いずれも非力である。

1-2　本章の方針

　筆者は現実主義者であるが、悲観家ではない。地域の稠密なネットワークと優秀なスタッフをもつ銀行家（本章では、銀行内で組織方針の決定と業務遂行に責任をもつリーダー層を「銀行家」とよぶ）にとって、なすべきことを見据えて力を集中すれば、状況が厳しくともできることは多数ある。

　本章ではまず、人口減少下で地域銀行の合併統合が必要になるという見方について、銀行の利潤構造の観点から、その論理の本質を明らかにする（第2節）。この見方は、その背後に、銀行の合併統合によって状況を打開できるのではないかという期待を含むから、その論理を明らかにすることは重要である。

　次に、先と同じ枠組みによって、銀行等が今後直面することになる金融技術革新とそのインパクトを描写する（第3節）。その意図は、同じ「土俵」を使うことによって、いかに後者の衝撃が、前者を凌駕する大きなものであるかを理解することにある。

---

[2]　銀行は預金の一部を銀行間資金貸借市場や長期国債市場で運用するが、現在この金利が非常な低水準にある。預金金利（銀行にとっての資金調達コストの1つ）が低くても、ここで運用する限り損失になる状況である。これがプラスへと正常化すれば、収益環境は改善するのではないのかというのが、ここでの理屈の見立てである。

第6章　金融技術革新と人口減少下の地域銀行

　そして、以上をふまえ、多くの銀行が伝統的に採用してきた「フルライン
ナップ型」の事業モデルの歴史的意義と今後の展望を考察する。また、地域
銀行サービスの代替性が、まず決済、次いで預金において波及的に強まるこ
とを示す（第4節）。金融技術革新がもう一段進んだ状態で議論されること
になると考えられる「脱フルラインナップ型」の事業モデルを検討し、実現
までの課題を示す。

　日本の地域銀行の将来を考える上で、堀江（2008、2015）、渡辺＝植杉
（2008）、石川（2012）などの優れた先行研究はきわめて有用である。これら
は全て、データ面（実証研究のアプローチ）から日本の地域銀行の現状を明
らかにしたもので、現在の地域銀行から連続した将来の姿をみることができ
る。とはいえ、人口減少や金融技術革新といった、きわめて大きな環境変化
に対する、地域銀行の不連続な行方を考えることもまた必要である。本章は
理論面から、すなわち大きな環境変化に対する銀行や家計の行動変化を経済
学的に考えることで、地域銀行の未来像を提示する。

　本稿の内容を青森県企画政策部との研究会で報告してから、1年以上が経
過している。この間、金融技術革新の状況は、とくにキャッシュレス関連で
大きく進行したが、あわせて地域銀行の将来に関する論考も、とくに一般書
や新聞・雑誌を中心に多くみられる。それらは地域銀行の将来事業に関する
具体的提案を含むものも多いのだが、筆者が知る限り1つの例外（詳細は後
述する）を除いて、提案が現状の延長に収まっていて、長期の指針にはなり
えないように思われる。金融技術革新がさらに進行した数年の後には、結
局、再度方針の転換を迫られるのではないか。本章では、理論を読み解くこ
とで得られた未来像の見地から逆算して、将来の事業モデルを検討する。

　なお、本章の背景となる経済理論は、補論として章末にまとめている。簡
単ながら厳密なものであるから、興味ある読者は参照してほしい。

　では、人口減少下で地域銀行の合併統合が必要になるという見方から、ま
ずはみていこう。

2. 人口減少と地域銀行

2-1 人口減少と過当競争問題

　今後人口が急減する。人口減少の影響は、一次的には大都市圏の周辺部（都心から1時間以上、最寄駅から徒歩20分以上といった、高度成長期以降の開発エリア）が最も大きく、団塊世代の寿命とともに住民が「ごっそり」と減ることが懸念される。しかし、それは地方が深刻でないことを意味するものではない。都市部の地価が、前述の周辺部地域で下がり始める二次的影響も考えねばならない。利便性が高く、職業の選択肢が豊富な大都市圏でも、今後は周辺部であれば地価が高くない状況が生じるのである。地方と大都市間の人口移動に少なからぬ影響が見込まれる。

　このような状況で、地域銀行では今後おそらく「過当競争」が大きな問題の1つになるであろう。過当競争問題は、産業全体の市場規模が縮小したにも関わらず個々の企業が生産設備を縮小せず、そのために販売価格が極度に低下して採算が悪化する問題である。銀行業の場合でいうと、人口が減少にあわせて事業を速やかに縮小せず、すると貸出金利が下がって貸倒金すらカバーできなくなることにあたる。これらは大きな生産設備を擁する（銀行業もその1つである）産業が市場規模の縮小に直面したときに発生する[3]。

　銀行業で過当競争は、なぜ起こるのだろうか？　おそらく、銀行の体面、行内人事の論理など、さまざまな理由が考えられる。しかし本節は、たとえそのような情緒的理由を排したとしても過当競争は生じることを明らかにする。ライバル行との競争というきわめて合理的な戦略的考慮から事業の縮小が進みにくいというのが、その要点である。過当競争は、情緒的問題よりもずっと根が深い。そして、後に見るように、この問題の回避は、地域銀行の合併統合の論理的基盤の重要な1つとなっている。

---

[3]　過去、鉄鋼や造船などのいくつかの産業で経験されている（なお、日本の鉄鋼業は、その後高付加価値化へと転換し成果をあげた）。

2-2 銀行事業と利潤の構成

　順を追って説明する。銀行業は「サービス業」であるが、同時に多くの事業インフラをもつ「装置産業」である。表からみれば銀行は「預金」、「決済」、「貸出」サービスの供給者であるが、背後には必要なインフラ、典型的には銀行本店に置かれる「後方管理部門」（さまざまな情報・人事・教育研修システムなど）が存在する。各支店舗やATM、本支店に付随する人員などもある。後方こそ組織の要であり、無視できない費用を構成するから、本章では銀行事業の構成を、銀行サービスの供給と事業インフラの規模決定の2つに分けて考察する。

　このように銀行事業をとらえた場合、銀行利潤は次の構成で理解される。

$$銀行利潤 = 銀行サービス価格 \times 銀行サービス供給量$$
$$- 銀行サービス費用 - 事業インフラ費用 - その他固定費$$

この式は、貸出サービスに焦点をあてて例示すると次の意味である[4]。

$$銀行利潤 = 貸出金利 \times 貸出量 - （調達金利 + 貸倒率）\times 貸出量$$
$$- 営業費用 - 事業インフラ費用 - その他固定費$$

　そして、上記の変数間には次の関係が存在する[5]。たとえば人口が減少すると（2番目に例示した式を見てほしい）、第1項係数である貸出金利が低下しつつ、貸出量が縮小する。すると第1項とともに第2項も縮小するから、当然、第4項の事業インフラ規模も縮小すべきである。これを行わなけれ

---

[4] 銀行サービスとして決済サービスを想定する場合は、次の意味である。
　　　銀行利潤 = 決済手数料収入 - 決済サービス費用 - 事業インフラ費用 - その他固定費
　　同様に、預金サービスを想定する場合は次の意味である。
　　　銀行利潤 = 運用金利 \times 預金量 - 預金金利 \times 預金量 - 営業費用 - 事業インフラ費用
　　　　　　　 - その他固定費
[5] 章末の「補論1」は、ここで述べる関係を数式で厳密に表現している。

ば、縮小した第1項に対してそれ以降の費用がかかり過ぎて利潤がマイナスになりかねない[6]。

　一方で第2〜4項の関係については、事業インフラ規模を拡大すれば、第4項の費用はかかるものの、第2項の貸倒率や第3項の営業費用が低下する傾向がある。たとえば、後方管理部門を厚くすれば、融資先情報の収集と分析を精緻化することで、貸倒率を引き下げることができる。もちろん「物量」が全てではないが、物量を軽視してビジネスを組み立てることはできない。

2-3　事業インフラ縮小の難しさ：銀行家のジレンマ

　ところが銀行家にはもう1つ考慮しなければならない重要なことがある。ライバル関係にある銀行との「戦略的やり取り」である。実は、事業インフラには単なる事業面だけでない戦略的意味がある。ライバル行より事業インフラを大きく維持することで、貸倒率を低下させて第2項の費用を低くおさえることができる。このようにしてライバル行よりも貸出量を大きく維持し、より高い利潤を享受することが考えられる。

　ただし、この戦略が結果的に、地域銀行をより苦しめることになる。過当競争問題とよばれるゆえんである。ライバル行も同様に目論むから、実際には高い利潤は享受できないのである。それどころか供給過剰で貸出金利が大幅に低下するなど、互いの利潤を引き下げあう、悲惨な結果になる。かといって自行だけが事業インフラ規模を縮小したら、自行の利潤を下げてライバル行の利潤を上げるだけである。

2-4　合併統合論の背景

　合併統合には[7]、明らかに過当競争問題を改善する効果がある。事業インフ

---

[6]　補論2では、モデル1とその分析として、寡占・同時手番の状況で以上の結果を厳密に確認している。

[7]　企業買収・合併について、服部（2004）、井上＝加藤（2006）、コンスタンティニデス他（2006）、宮島（2007）、坂本＝文堂（2008）を参照。また、とくに銀行の合併統合の背景・影響については、ディムスキ（2004）を参照。

ラの縮小が必要な状況で、ライバル行との競争を考慮する必要が減り、合併統合行全体の利益の観点から事業縮小を進められるからである。

また、シナジーとよばれる、合併による共同の利益を見込むこともできる。コストシナジーとは、2社の重複部門（本社機能などの後方管理部門や広告費が典型である）を節減できることである[8]。意図的に事業インフラ規模を縮小することにより、規模でなく収益を追うものである。

このように、合併統合は地域銀行が積極的に「縮む」ための効果的手段になる。合併統合のコストとの兼ね合いだが[9]、人口が減少する中で収益性を高める効果が望みうる。地域銀行の合併統合を強く提起する論者の理論的背景はここにある。

3．金融技術革新と新規参入

3-1　技術革新の社会経済的インパクト

次に金融技術革新の問題を考えよう。今日、情報通信技術（ICT）と人工知能（AI）を含む情報処理技術が、両者あいまって急速に進歩の度合いを強めている。大幅な技術革新は、これまでにも「ルールが変わる」と評されるようなビジネス上の強いインパクトをもたらしてきた。人材・ブランドともに圧倒的優位を誇っていた企業が、顧客の急速な変化によって魅力を失い、後手後手の撤退戦を強いられるようになる。攻撃側からみればこれほどの好機はない。おそらく今度の技術革新においても、気付いた時には社会構造が大きく変わっているだろう。

金融分野での両技術の活用は、フィンテックとよばれて着実に進みつつある。AIによる融資スコアリング（融資先信用度の点数化）や、ブロックチェーン技術（分散型の情報改ざん防止技術）による決済システムなどは、

---

[8] なお、同様の概念にセールスシナジーがある。これは、相乗効果によって販売が個別の和以上になることである。ただし、人口減少下の銀行業ではあまりあてはまらないであろう。

[9] 合併統合によって銀行経営の安定性が確実に増す、あるいは利益が増すと考えるべきではない。米国の大銀行破綻について、ダフィー（2011）を参照。

日々確実に金融分野に浸透しつつある[10]。AIは人間とは比較にならないほど大量の情報を処理できるから、近いうちに、新規融資に関しては、最高度の熟練融資担当者と同等の確実さで信用度判定が可能になるだろう[11]。そうなれば貸倒率は低下し、貸出サービス供給にかかる費用をもう一段引き下げることが可能になる。また、新しい決済システムは、たとえば個人間の国際送金手数料を劇的に引き下げることを可能にしており、既に一部地域では、母国への送金を必要とする国際間出稼ぎ労働者に福音をもたらしている。

3-2　金融技術革新の事業インフラ導入競争とその帰結

金融技術革新は地域銀行にどのような影響を与えるだろうか。ここで前節と同じ枠組みを使って検討したい。

銀行サービスを提供する担い手として、ここでは地域銀行の他に、異業種を含む全国展開型の新規参入者を想定する。預金、決済、貸出のうち参入が想定される業務は、決済サービスである。決済サービスにおいては、利用者からみれば、その提供者が銀行であるか新規参入者であるかは、大局的には問うことがない。そこで前節と同様に、両者のサービスは完全に代替的である（差別化されていない）と想定する。そして、決済サービスの供給とその費用、ならびに供給費用の効率化に影響する事業インフラのあり方を考える。事業インフラは金融技術革新に関わるものであるから、具体的には後方管理部門ととくに情報システムである。

なお、地域銀行と新規参入者の間に、先天的な技術的優劣があるわけではない。近年の技術は、リース産業の発達などもあって、基本的には全ての主体がアクセスできるからである。

むしろ両者が異なるのは決済サービスの供給先となる市場の多寡である。地域銀行は自地域のみ（つまり1地域）を市場とし、新規参入者は全国各地域（m地域）を市場とする。いいかたを変えると、新規参入者は、A地域で

---

[10] フィンテックの経済的可能性について、城田（2016）を参照。

[11] AIの設計原理にもとづいたさまざまな技術的可能性については、松尾（2015）、カプラン（2016）が参考になる。

はa銀行、B地域ではb銀行……といった具合に各地域で競争を行っていることを想定する。

このとき両者の利潤は次のように表せる。

　地域銀行の利潤
　　　　＝決済サービス価格×決済サービス供給量
　　　　　－決済サービス費用－事業インフラ費用－その他固定費
　新規参入者の利潤
　　　　＝m×決済サービス価格×決済サービス供給量
　　　　　－m×決済サービス費用－事業インフラ費用－その他固定費

ここでまず注目すべきは、新規参入者の利潤構成において右辺第1、2項（とくに第2項）がm倍になっていることである。市場規模が大きいのでサービス供給の総費用が大きいことを表しているが、これはさらに、事業インフラ規模を拡大することによる費用節減効果が大きいことを意味する。つまり、新規事業者にとって事業インフラを拡大することが割に合い、地域銀行にとっては割に合わないような市場の構図が出現するのである。

これは何を意味するだろうか？　当初は地域銀行と新規参入者には技術的優劣がなくても、市場規模という経済的理由によって技術に差が生じることになる。これによって新規参入者はサービス供給の単位費用が小さくなる[12]。このようにして優位にサービス供給競争を進めることができる。

そして重要なポイントだが、このことはさらに市場規模に差が生じることを意味し、一層、新規参入者の事業インフラ規模の拡大が割に合うようになる。この思考を続けていくと、新規参入者と地域銀行の差は、いわば対戦ラウンドを重ねるごとに広がっていく。

最終的にどれだけの差が生じるであろうか？補論4では、経済モデルを特定化し、以上の推論の帰結を数学的に求めている。結果は「m^2定理」と表

---

[12] 総収入が大きくなるので、総費用が大きくても優位にある。

125

現できるほどにシンプルであり、最終的に新規参入者の事業インフラ規模は既存の地域銀行よりm^2倍大きくなることが示される。全国と青森県の人口比としてもmは100程度であるから（所得や資産を考慮した経済規模でみればさらにmは大きい）、事業インフラ規模の物量差は、現実的に対処できるレベルを超えることが分かる[13]。

4．地域銀行業の未来

4-1　検討課題

これまでの分析結果をふまえて、最後に地域銀行業の未来を考えよう。

本章の内容は2018年6月の研究会で報告したものだが、出版現在、すでに1年が経過している。その間にも金融技術革新をめぐる状況は大きく進行した。スマートフォンアプリを通した決済サービス（多く「○○ペイ」と名付けられている）は、気が付けば多くの店舗で利用できるようになっているし、一般消費者への知名度も増した。Facebookが新たな仮想通貨（「Libra」）を発行するとのニュースは、同社が世界中に膨大な顧客をかかえることもあって、各国の金融政策担当者の活発な議論をよんでいる。

これらは個別企業名を除き、筆者が研究会で述べた通りの展開である。今振り返って「外れた」と思う点は、筆者が述べたよりも、かなり進度が早いことである（予測したことが出版準備中に実現してしまった）。

この先、地域銀行業はどのように変化するだろうか。本節は、前節までの理論を手がかりに考察する。

4-2　フルラインナップ型銀行業の意義

金融技術革新は着実にしかもかなり急速に進んでおり、銀行も以前から収益性に対する危機感をかなり強く持っていた。しかし、現状で検討されている対応策は、後述する例外を除いて、預金、決済、貸出業務を全て本業とし

---

[13] このことは、日本のいわゆるメガバンクにおいても当てはまる。地域銀行をメガバンク、新規参入者を世界展開型の新サービス企業—しばしば噂されるAmazonなど—と読み替えれば、同じ結論になる。

て行う「フルラインナップ型」の事業モデルの枠内の対応にみえる。

　代表する論考として、みずほ総合研究所（2018）を挙げる。これは、地域銀行の事業展開について、リスクアペタイト・フレームワーク（リスク志向性にもとづく戦略策定）の採用やリアルビジネス化（事業関与型の融資等）など、具体的に踏み込んだ考え方を示している。単に危機感を示した論考とは一線を画し、銀行に関する具体的提案を示すものと評価できる。一方で、ＩＴテクノロジーの活用を強調する（それには当然ＩＴ投資が必要である）点は、どうであろうか。たとえば決済に関する事業インフラを、自前で投資し続けることが本当に良いのだろうか。おそらくは様々な選択肢を念頭においているのであろうと思いつつも、提案全体として、フルラインナップ型の事業モデルを前提とし、このモデルを続けられる状況を思い描いて事業を構想しているようにみえるのである。

　このように、危機が認識されつつもなおフルラインナップ型の枠内に収めようとする姿勢には、おそらく理由がある。

　それはたとえば、現在の銀行業の苦境は超低金利政策（日本銀行の「ゼロ金利政策」など）によるもので、政策が転換されれば銀行収益は回復するのではないかと期待して、といった目先の理由ではないだろう。低金利は、現代の先進国に共通した世界的潮流であるとする論もあり[14]、国債等の市場運用から生じる利益でフルラインナップ型の事業コストをまかなえる時代が今後おとずれるとは、誰も考えてはいまい。

　また、県外貸出に活路を見出して、といったものでもないだろう。積極営業は銀行家にとって外せない選択肢ではあるが、現状で県外貸出が高いのは岐阜、富山、三重、山形、静岡である。富山を除けば要するに大都市との隣接県であり、つまりフルラインナップ型の事業コストを継続してまかなうことができる地域銀行は、存在するとしても、地理的に限られているということは、銀行家自身がもっともよく知っている。

　フルラインナップ型の事業モデルの枠外を考えられないのは、それが歴史

---

[14] たとえば、水野（2011）を参照。

的に長らく効率的で、良く機能したモデルであったからである。このモデルの基本戦略は、市場運用機会をもたない家計や決済サービスを欲する企業から資金を安価に調達し、資金を必要とする家計・企業に高く貸し出すものである。業務範囲を広くとることで事業の補完性を引き出し、別個に機能させる以上に利鞘を効果的に広げる、きわめて優れたモデルである。

　現状でみても、業務範囲を広くとること、そしてその規模をできるだけ大きくすることの利点は大きい。表6-1は、青森県の地域銀行の店舗数と預金・貸出金残高を表したものである。規模の大きな地方銀行2行はいずれも、相対的に規模の小さな信用金庫2行・信用組合1行と比較して、店舗数の差以上に預金・貸出のプレゼンスを持っていることが分かる[15]。

表6-1　青森県の地域銀行：店舗数と預金・貸出金残高

| | 地方銀行 | | 信用金庫 | | 信用組合 |
	青森銀行	みちのく銀行	東奥信用金庫	青い森信用金庫	青森県信用組合
店舗数	100	92	21	64	30
預金残高	2兆3895億円	1兆9532億円	1632億円	6097億円	1724億円
貸出金残高	1兆7445億円	1兆5269億円	839億円	2284億円	902億円

2018年3月末時点。金融庁「都道府県別の中小・地域金融機関の情報一覧」より筆者作成。なお、金額については1億円未満を四捨五入している。

　また、米国のS&L（Savings and Loan、貯蓄貸付会社）とよばれる金融事業モデルでは、当初は決済機能をもたない長期の預け入れをシンプルに受け入れ、これを地域内で吟味して貸し出すモデルであったものの、後年、利用者が利便性を欲したために、一般銀行との競争上、預金に決済性が追加されるようになった経緯もある。振込や引き落としのサービスを付与しない預金では、その顧客ニーズは限定的であったのである。

　貸出の収益性をより強化することを考えるにしても、フルラインナップ型

---

[15] ただし、ここでの比較はごく粗いものである。より精確にするには（同時に恣意性も懸念されるが）、店舗数そのものだけでなく、各店舗の規模も勘案する必要がある。

第6章　金融技術革新と人口減少下の地域銀行

を維持しつつ事業を組み立てようとするのは、当然のことにみえる。

4-3　脱フルラインナップ型事業モデルの展望

　日本経済新聞の論説記事（2019、上杉素直「地銀再生、ヒントは信金」）は、貸出に軸足を置いた、フルラインナップ型の枠外を視野に入れた事業の「型」を提起している。日本銀行による全国銀行のストレステスト（危機負荷テスト）の結果から判断して、信用金庫は健全性で地方銀行よりも優れているという議論から説き起こして、次のように指摘する。

> 　金融界の伝統的な意識では銀行は信用金庫より格上になる。だが、そんな古い感覚はもう捨てて、地方銀行は信用金庫の流儀を取り入れたらどうだろう。（中略）
> 　信用金庫のビジネスモデルの要はその連携にある。全国の信用金庫が出資して運営するのがJR東京駅前にある中央機関、信金中央金庫だ。規模の小さい信用金庫がそれぞれ手がけるより、集約したほうが理にかなう業務は信金中金が引き受ける。
> 　融資に回しきれない余った預金を金融市場で運用する業務は典型例だ。信用金庫は余資を自分で運用してもよいし、信金中金に任せてもよい。力量を超えた無理な資金運用に追い込まれる心配はない。取引先が海外に出るときのサポートも信金中金の役割になる。信金中金はバンコクや上海にオフィスを構え、信用金庫の取引先の活動を現地で手伝う。（中略）
> 　信金中金は最近、信用金庫が公的な機関から頼まれる預金調査の事務を一手に請け負うことにした。全国の信用金庫に舞い込む預金調査は年800万件あり、延べ650人が携わっている。預金調査を集約し、この人たちには営業の現場に出てもらうのが狙いなのだという。

要するに、自らが自前でなすべきことに集中できる状況をつくり、実際に自前でなすべきことに集中するということを提案するものである。

　この論考は、おそらく現時点の銀行環境を念頭において書かれたものであ

129

る。家計も銀行以外に市場運用機会をもつようになっているし、企業も（とくに大企業は）銀行貸出よりも直接市場調達することを志向するようになっている。こういった、金融技術革新以前からいわれてきた状況変化をふまえている。しかし、金融技術革新後の事業モデルを考える上でも、そのまま参考になるように思われる。

　筆者は、キャッシュレス化がさらにまた一段先の展開をみせた段階で、銀行家は、この論説記事のような根本的な事業モデルの移行を考えなければならなくなるとみている。というのも、第3節の理論の当然の帰結として、地域銀行サービスの代替性が、まずは決済、次いで預金へと波及的に進んでいくシナリオを想定するからである。

　順を追って説明する。

　まず、現状の決済サービスの技術革新は、主に一般消費者の決済（スマートフォンアプリを利用した「○○ペイ」と称されるサービスなど）において進められている。事業者間の代金決済で使われるケースはあまり出現していない。それは、このサービスの提供者にとって消費者の決済情報（というよりも「購入履歴」）を取得することに大きな意味があり、そのために消費者の決済での提供が進められているからである。ただ、技術進歩とともにサービス供給コストが下がれば、事業者間決済での利用を排除する技術的理由は何もない。

　そのようなやや長い先の未来においては、サービスの代替性はかなり広い範囲で強まる。現状では、地域の事業者は地域銀行を利用することが多いが、これはネットワークの問題により、自らも相手方ももっている口座がともに地域銀行であるから地域銀行を利用している。地域銀行が現行で1件当たり540円（同一行本支店あて3万円以上の窓口振込、2019年9月現在の例）といった少なくない料金を徴収することができるのは、このネットワークの性質によっている[16]。しかし、やや先の未来において、金融技術革新によって圧倒的に事業費用が低くなった新規参入者がたとえば「1件当たり54円」で提供するようになればどうだろうか？　地域事業者が新規参入者のサービ

---

[16] 事業者は多くの取引件数をもつから、振込手数料は、積み重なって大きな金額になる。

スに乗り換えないためには、地域銀行も手数料を下げる必要が生じる。すると次は、「1件当たり5.4円」かもしれない。決済サービスの代替性が他業種に広がっていく[17]。

　この展開は、次に預金サービスへ波及する。預金があまり使われない社会で、地域銀行に預金する意味は何だろうか？ 店舗が近くて現金を引き出しやすいという「現金へのアクセスのしやすさ」を理由にして選んでいた地域銀行に、利用者からみれば、預金し続ける理由は確実に薄れる[18]。そうなれば預金は、地域は関係なしにインターネットで選んでも構わない。地域を超えた銀行間競争が惹起される[19]。預金サービスの代替性が他地域に広がっていく。キャッシュレス化に取り残された人々はどうするのかという論点は重要だが[20]、実態として、地域銀行の店舗・ATMは今後かなり減少するであろう。

　以上をネガティブな理由とするなら、次のようにポジティブな理由もある。ほとんどの決済がオンラインで行われるような将来になれば、銀行が自前でサービスを物理的に提供しなくても、たとえば決済・預金業務の外部調達やオンライン専業化によって、十分な利便性を顧客に対して提供できるようになる。歴史的にS&Lの事業でネックとなった、先述の問題も解消す

---

17 さらに、新決済サービスの顧客が広がって事実上標準化すると、相互にサービスを利用することの利便性が高くなり（この効果をネットワーク外部性という）、新規参入者の吸引力がきわめて大きなものになることも考慮すべきである。

18 ただし現状では、新規参入者が提供する決済サービスを含めて、決済においては銀行の預金口座が利用され、この意味で地域銀行預金のプレゼンスには変化がない。いわば「共存共栄」の展開をしている。また、銀行預金を全て新規参入者の決済サービス上に移し替えて、銀行預金を全く利用しなくなるというシナリオも、必ずしも蓋然性は高くない。銀行預金は安全性が高いという信認はおそらく消えないと考えられるからである。若林（2018）に象徴的に述べられているが、たとえば仮想通貨の取扱業者が顧客から預かった通貨を「紛失した」という事件があるが、銀行で同様の事態は起こらないし、また起こりえないという絶対的信認が広く存在する。

19 大都市圏の小規模行は、現状でも、ユニークな顧客獲得策を得意としている。

20 便利で簡易な決済方法の開発が望まれる。これが可能であれば、財布から取り出しにくい「つり銭」が発生しないキャッシュレスの方が、むしろ高齢者にやさしいかもしれない。

る。決済・預金に関わる事業インフラを、自前で持つことが不可欠なものに限定することが可能になる。

　ところで、これまで地域銀行の貸出業務の代替性は強まらないと暗黙に仮定してきたが、この点はどうだろうか。

　貸出業務は、銀行業の最も基本的な収益源であり、このことは金融技術が進化しても基本的に不変と考えられる。米国で最も定評ある金融テキストの１つにおいても、その冒頭章で次のように指摘されている[21]。

　　あなたは、インターネットで連絡のあった見知らぬ人にお金を貸すであろうか。それよりも銀行に貸して、それでどうするかは銀行に決めてもらう方が安全であろう。

銀行は「借入希望者の信用力をチェックし、貸し出された現金の使われ方をモニターする体制が整備されている」ものだからである[22]。

　以上の４点から、今後金融技術革新が進む中で、銀行家は、顧客の利便性を損なうことなく貸出業務に資源を集中する事業の新しい型を、具体的にいかに構築するかという問題に直面することになると考える。これは、フルラインナップ型の事業モデルからの脱却という、多くの銀行にとって創業以来の大転換である。しかし金融技術革新にはそれだけのインパクトがあるというのが、第３節の理論と、第４節における論理的敷衍から導かれる結論である。

　最後に、その後の進行についても述べておこう。

　地域銀行はフルラインナップ型事業モデルの重荷に気付いてもなお、フルラインナップ型の事業インフラを保とうとするであろう。第２節で示した過当競争問題があるからである。決済・預金に関わる事業インフラを縮小する

---

[21] ブリーリー＝マイヤーズ（2002）。
[22] 引用部分は前掲書による。

第6章　金融技術革新と人口減少下の地域銀行

ことは、それが地域銀行全体の収益上必要であっても、ライバル行との競争上行われにくい。その結果、地域銀行の収益性がさらに下押しされることになる。

　このような膠着状態は次のように解消されると筆者は考える。中国古典の『孫子』に、勝者の性質を論じる中で、次のように指摘するくだりがある[23]。

　　勝者の民を戦わしむるや、積水を千仞の谿に決するが若きは、形なり。

　　（勝利者が人民を戦わせるありさまは、ちょうど満々とたたえた水を千仞の（筆者注：想像を絶するほど落差のある）谷底にせきをきって落とすようなもので、そうしたはげしい勢いを得ようとするのが形、つまり態勢の問題である。）

　貸出業務に効果的に集中しつつ資金調達をもっとも安価にする「事業バランスの最適点」を見出した者が、他行は時がたつほど重荷の増す従来型事業モデルを脱していないがゆえに、圧倒的な差をもって、一気に地域銀行業におけるプレゼンスを築くであろう。もちろん顧客も利益を得る。そこでは、貸出のみに特化して銀行規制の外に出る選択肢も一つの考え方だが（ノンバンク化である。米国の事業家ならそのように考えるかもしれない）、それでは銀行のもつ規模の利益を得られない。事業バランスの最適化とその実現がポイントになると、筆者はみる。

　それにしても、この才能に恵まれた者は、地域銀行家の中から出てくるのか、全く別のフィールドから現れるのか、いずれであろうか。

---

[23] 町田三郎訳『孫子』（中央公論新社、2011年）による。

133

5．補論[24]

5-1　補論1：事業インフラとサービス費用の定式化

　一般に銀行サービスを供給するには費用がかかるが、後方管理部門などの事業インフラの規模を拡大（あるいは質を強化）すれば、このサービス費用を、供給量を一定として低下させることができる。例えば貸出サービスの供給を考えると、事業インフラの拡大により貸倒率を低下させることができる。すると、貸出量を一定として貸出にかかる費用が低下する。貸出の単位当たり費用である「調達金利＋貸倒率」が低下するからである。

　一方で事業インフラ規模の拡大は、それ自体費用をともなう。銀行の総費用は、

$$銀行総費用＝銀行サービス費用＋事業インフラ費用＋その他固定費$$

であるが、事業インフラ規模を拡大させると、第1項が低下し、第2項が上昇するのである。

　銀行家は意思決定の際に、この第1項の低下と第2項の上昇の関係を（暗黙に）頭に入れながら判断を行う。ここではその関係についての1つの定式化を示す。

　銀行が事業を遂行する上で最低限必要な事業インフラ規模を$\bar{F}$、銀行iが選択する追加的事業インフラ規模をF_iで表す。これらは金額単位で表され、事業インフラにかかる費用は$\bar{F} + F_i$である。

　銀行サービス供給の限界費用（1単位当たり追加費用のこと。貸出の例では調達金利と貸倒率の合計）をc_iで表す。c_iはF_iの減少関数であるが、これを次のように定式化する。

$$c_i = \bar{c} - \delta F_i^{\frac{1}{2}}$$

---

[24] 補論では、本章の理論的背景を定式化し、その解の性質を明らかにしている。興味ある読者は一読してほしい。

なお、$\bar{c}, \delta$ は費用構造を決めるパラメータ（状況を決定づける定数、ここでは正の値とする）である。

F_i が大きいほど c_i を低くできる（貸出の例では、事業インフラ規模が大きいほど貸倒率が低く、貸出の限界費用が小さくなる効果がある）。この効果は、図6-1のように図解される。

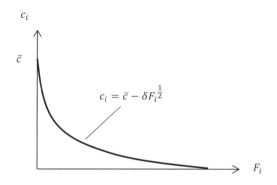

図6-1　事業インフラ規模とサービス供給の限界費用

そして銀行のサービス供給規模を x_i で表記すると、銀行の費用は、

$$C_i = c_i x_i + F_i + \bar{F} = (\bar{c} - \delta F_i^{\frac{1}{2}})x_i + F_i + \bar{F}$$

である。

5-2　補論2：モデル1とその分析（過当競争は何が問題か）

第2節では、地域銀行が今後直面するであろう「過当競争問題」を論理的に示している。そのロジックは次の2点によって示される。
① 市場規模によって最適な事業インフラ規模が異なる。
② ところが、市場規模が縮小しても事業インフラ規模の縮小は進みにくい。

補論2では、このうち①をモデルによって示そう。モデルを提示し、その解を求める。そして、解がどのような性質をもつかを明らかにする。

モデル1

- 銀行 $i, j = K, L$（ともに地域銀行）の寡占市場モデルを考える。つまり、2行複占の状況で銀行サービス x_i が供給される。
- 銀行サービスに対する顧客のニーズを、次の逆需要関数で表す。
$$p = A - b(x_i + x_j)$$
p は銀行サービス価格の高さ（貸出であれば貸出金利、決済であれば手数料の高さである。預金の場合は預金金利の低さと考える）を表している。右辺の第1項の A は市場規模を表すパラメータで、人口減少とは A が低下することである。第2項の $-b(x_i + x_j)$ は、b をパラメータとして、2行がサービス供給規模を大きくすると銀行サービス価格が低下する（金利、手数料等の「値崩れ」が起こる）ことを表す。
- 費用 C_i は先に定式化した通りである。
- 以上の状況で、銀行 $i, j = K, L$ は同時手番で x_i, x_j, F_i, F_j を決定する。つまり、サービス供給も事業インフラも同時に意思決定を行う状況を考える。

モデル1の解

　モデル1は、2行それぞれの利潤最大化を条件式の形で表して、その連立方程式を解くことによって適切な答えを導くことができる。

　解いてみよう。各行の利潤は次のように書ける。

$$\pi_i = \left(A - b(x_i + x_j)\right)x_i - \left(\bar{c} - \delta F_i^{\frac{1}{2}}\right)x_i - F_i - F, \quad i = K, L, j \neq i$$

銀行 $i = K, L$ の選択変数は、F_i, x_i の2変数である。それぞれ最大化条件を式で表し（4本の式になる）、連立方程式を解くことで次の解が明らかになる。

$$x_i^*(A) = \frac{\left(b - \frac{1}{2}d^2\right)(A - \bar{c})}{3b^2 - 2bd^2 + \frac{1}{4}d^4},$$

$$F_i^*(A) = \left(\frac{1}{2}\delta x_i\right)^2, \quad i = K, L$$

第6章 金融技術革新と人口減少下の地域銀行

　これらの解は、最適なサービス規模、事業インフラ規模ともに市場規模Aと正の関係であることとともに、その関係のあり方を示している。つまり、人口が減少し市場規模が縮小したときに、両事業規模変数をどのように縮小させるべきかを表している。

　事業規模縮小の効果は、縮小したときとしないときの利潤を並置して比較すると、より分かりやすい。ここで、市場規模と利潤の関係を表した図6-2を描く。現時点の市場規模を$A = A_0$とし、これが将来的に$A_1 (A_1 < A_0)$に縮小することを考えている。

　ここには4本の曲線があるが、最も左上の曲線が、上で導いた解（つまり2つの事業規模変数ともに縮小した場合）における利潤である。

　一方、最も右下の直線は、市場規模にもかかわらずサービス、事業インフラともに規模を変更しない場合の銀行利潤を表す。縮小した市場規模に費用が見合わず、利潤が大きなマイナスになっている。これに対して、右下から2番目の曲線はサービス規模を縮小、3番目は事業インフラ規模も縮小した場合、最も左上はライバルも事業規模を縮小した場合である。このような事

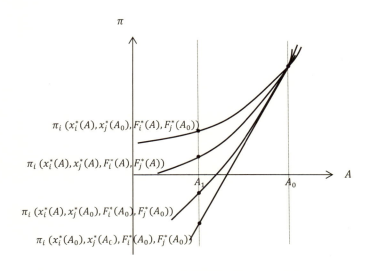

図6-2　市場規模の縮小と銀行利潤

業規模の縮小によって、利潤の低下を抑える（図6-2ではプラスの利潤を確保しうる）ことを表している。

　ここで示されていることは、市場規模が縮小すれば、それに合わせて銀行サービス規模（貸出、決済、預金）はもちろん、後方管理部門や各店舗などの事業インフラ規模の縮小を行わなければ、行ったときと比べて利潤がさらに下押しされることである。

5-3　補論3：モデル2とその分析（過当競争はなぜ起こるか）

　補論2の冒頭で述べた②を示す。ここでは、ライバル関係にある銀行間では、事業インフラには単なる事業面だけでない戦略的意味があることに注目する。分析の流れはモデル1と全く同様である。

モデル2
- 逆需要関数と費用関数は、モデル1と同じである。
- 動学的構造（時間構造）をもち、両行は互いのF_i, F_jの水準を見た上で、銀行サービス供給x_i, x_jを決定する。この点で同時決定であったモデル1と異なる。この動学構造は、銀行家が直面する現実の事業インフラ規模の戦略的意味を生じさせる。

モデル2の解
　動学的構造をもつ状況の帰結を考えるには、各主体の意思決定を「後ろ向き」に導出するとよいことが知られている。この場合でいうと、まず（a）サービス供給規模x_i, x_jの意思決定を、両行の事業インフラ規模F_i, F_jは所与として考えて、次に（b）その結果を関数関係$x_i(F_i, F_j), x_j(F_i, F_j)$を見通しながら事業インフラ規模$F_i, F_j$の意思決定を考える。
　順次考えてみよう。（a）は、

$$\pi_i = \left(A - b(x_i + x_j)\right)x_i - \left(\bar{c} - \delta F_i^{\frac{1}{2}}\right)x_i - F_i - F,$$

$$i = K, L, \ j \neq i, \ F_i\text{:given}$$

を x_i $(i = K, L)$ について最大化することで求められる。最大化条件は2つの
式で表され、この連立方程式を解くことで次の解が明らかになる。

$$x_i^{**}(A, F_i, F_j) = \frac{1}{3b}(A - C + 2\delta F_i^{\frac{1}{2}} - d F_j^{\frac{1}{2}})$$

この解から、ライバル行の事業インフラ F_j の規模が大きければ、サービス
供給規模 x_i が小さくなることを確認できる。

（b）は、

$$\pi_i = \left(A - b(x_i^{**}(F_i, F_j) + x_j^{**}(F_i, F_j))\right)x_i^{**}(F_i, F_j)$$
$$- \left(\bar{c} - \delta F_i^{\frac{1}{2}}\right)x_i^{**}(F_i, F_j) - F_i - F, \qquad i = K, L, \ j \neq i, \ F_i:\text{given}$$

を F_i $(i = K, L)$ について最大化することに他ならない。これも最大化条件は
2つの式で表され、この連立方程式を解くことで次の解が明らかになる。

$$F_i^{**}(A) = \left(\frac{1}{2}\delta x_i(1 + b)\right)^2$$

この解には、モデル1にはなかった $1 + b$ が乗ぜられている。事業インフラ
規模が、モデル1の最適解と比べて $(1 + b)^2$ だけ大きくなることを示してい
る。これが事業インフラ規模の戦略的意味の結果である。

　モデル1で図6-2を描いたように、市場規模と銀行利潤の関係を図示し
てみよう。図6-3がそれである。最も左上の曲線が最適事業インフラ規模
（モデル1）の下での利潤、真中の曲線がモデル2で導いた各行が選択する
事業インフラ規模の下での利潤である。事業インフラ規模が温存されること
によって、利潤が低下し、図はマイナスの利潤に陥っていることを描いてい
る。あるべき事業インフラ規模と比べて、過大である。ならば、客観的は事
業インフラ規模を縮小すべきであるが、現実には難しい。最も右下の曲線に
示されているが、もし自行だけが縮小した場合には自行の利潤はさらに下が
り、その代わりにライバル行の利潤が上がるからである。

　これがライバル行との戦略的関係による過当競争問題の経済学的構造であ
る。

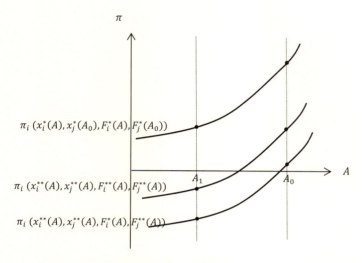

図6-3　市場規模の縮小と銀行利潤②：モデル1と2の比較

5-4　補論4：金融技術革新に関わる事業インフラ導入競争とその帰結

　地域銀行と異業種を含む全国展開型の新規参入者による事業インフラ導入競争の帰結を考える。

　新規参入者はたとえ技術的に優位がなくても、サービスを提供する市場が（全国展開の結果）多い。その結果、サービス供給にかかる単位費用を下げることの経済的利益がより大きなものになる。このことが新規参入者が選択する事業インフラ規模をより大きなものにし、地域銀行に対する競争上の優位をもたらす。そして、そうなればサービス供給がさらに大きく、事業インフラ規模もより大きくなる。結果として、両者の差は非常に大きなものになることが考えられる。

　では、その帰結として、どれだけの差が生じるのか。モデルとその分析によって以下示す。

第6章　金融技術革新と人口減少下の地域銀行

モデル3

- 銀行 I（地域市場のみ）と参入者 S（全国に m 市場）の寡占市場を考える。
- 逆需要関数、費用、手番はモデル1と同様である。

モデル3の解

地域銀行 I、参入者 S の利潤はそれぞれ、次のように表せる。

$$\pi_I = (A - b(x_I + x_S))x_I - \left(\bar{c} - \delta F_I^{\frac{1}{2}}\right)x_I - F_I - F$$

$$\pi_S = (A - b(x_I + x_S))mx_S - \left(\bar{c} - \delta F_S^{\frac{1}{2}}\right)mx_S - F_S - F$$

両者が利潤を最大限追求すると考えると、相互作用を考慮したそれぞれの事業選択の帰着点 x_I, F_I, x_S, F_S は、

$$x_I^{***}(A) = \frac{\left(b - \frac{1}{2}m\delta^2\right)(A - \bar{c})}{3b^2 - (m+1)b\delta^2 + \frac{1}{4}m\delta^4}, \qquad F_I^{***}(A) = \left(\frac{1}{2}\delta x_I\right)^2$$

$$x_S^{***}(A) = \frac{(b - \frac{1}{2}\delta^2)(A - \bar{c})}{3b^2 - (m+1)b\delta^2 + \frac{1}{4}m\delta^4}, \qquad F_S^{***}(A) = \left(\frac{1}{2}m\delta x_S\right)^2$$

となる。これが金融技術革新に対する地域銀行と参入者間の事業インフラ導入競争の結果である。

この結果で注目すべきは、F_I と F_S の差である。参入者の事業インフラ規模は最終的に既存の地域銀行より m^2 倍大きくなる。圧倒的な事業インフラ規模の物量差が、結果的に生じることが示されている。

【参考文献】

石川英文（2012）『地域中小企業向け貸出市場の現実：中小企業と金融機関の借入・貸出関係に関する経済分析』中央経済社

井上光太郎、加藤英明（2006）『Ｍ＆Ａと株価』東洋経済新報社

カプラン，ジェリ（安原和見訳）（2016）『人間さまお断り：人工知能時代の経済と労働の手引き』三省堂

金融庁 金融仲介の改善に向けた検討会議（2018）「地域金融の課題と競争のあり方」
https://www.fsa.go.jp/singi/kinyuchukai/kyousou/20180411/01.pdf

コンスタンティニデス，ジョージ・M．，ミルトン・ハリス，ルネ・M．ストゥルズ（加藤英明監訳）（2006）『金融経済学ハンドブック1：コーポレート・ファイナンス』丸善出版

坂本恒夫、文堂弘之（2008）『M＆A戦略のケース・スタディ　ディール・プロセス別』中央経済社

城田真琴（2016）『FinTechの衝撃：金融機関は何をすべきか』東洋経済新報社

ダフィー，ダレル（本多俊毅訳）（2011）『巨大銀行はなぜ破綻したのか：プロセスとその対策』NTT出版

ディムスキ，ゲーリー・A．（井村進哉、松本朗監訳）（2004）『銀行合併の波：バンク・マージャー・ウェーブ』日本経済評論社

日本経済新聞（2018）「7地銀、フィンテック新会社：AIで融資先開拓（5/25）」、「金融庁『再編必要度』マップ（5/29）」、「地銀の越境融資 最高に（6/14）」

日本経済新聞（2019）「地銀再生、ヒントは信金（4/25、上杉素直による論説記事）」

服部暢達（2004）『実践M＆Aマネジメント』東洋経済新報社

ブリーリー，リチャード・A．，スチュワート・C・マイヤーズ（2002）『コーポレート・ファイナンス（第6版）』日本経済新聞社

町田三郎訳（2011）『孫子』中央公論新社

松尾豊（2015）『人工知能は人間を超えるか：ディープラーニングの先にあるもの』KADOKAWA

松原義明（2018）「2018年のFintechトレンド予測〜銀行業へ進出するテクノロジー企業、テクノロジー企業へと変貌する銀行〜」富士通総研HP
http://www.fujitsu.com/jp/group/fri/column/ideatank/2018/2018-01-1.html

水野和夫（2011）『終わりなき危機：君はグローバリゼーションの真実を見たか』日本経済新聞社

みずほ総合研究所（2018）「地域銀行のビジネスモデル転換の方向性―地域と共に進化する地域銀行を目指して―」
https://www.mizuho-ri.co.jp/publication/research/pdf/urgency/report181203.pdf

堀江康熙（2008）『地域金融機関の経営行動：経済構造変化への対応』勁草書房

堀江康熙（2015）『日本の地域金融機関経営：営業地盤変化への対応』勁草書房

宮島英昭（2007）『日本のM＆A：企業統治・組織効率・企業価値へのインパクト』東洋経済新報社

若林恵（2018）『NEXT GENERATION BANK：次世代銀行は世界をこう変える』黒鳥社

渡辺努、植杉威一郎（2008）『検証中小企業金融：「根拠なき通説」の実証分析』日本経済新聞出版社

第7章

青森県マクロ経済は、非伝統的金融政策にいかに反応するか？

ポイント

○ マネタリーベースが増大すると青森県の生産は増加、物価は上昇、失業率は低下する。

○ 青森県経済の改善は、マネタリーベースの増大から一定の時間が必要で、全国よりも遅れて生じると考えられる。

○ 青森県経済は、マネタリーベースの増大がもたらす長期金利の低下により改善する。

第7章 青森県マクロ経済は、非伝統的 金融政策にいかに反応するか？

山本　康裕

1．はじめに

　日本経済は、不良債権問題などの要因により、1990年代初頭から少なくとも2010年代前半までは低迷していた。日本銀行はこの不況を脱するために、1992年頃から短期金利を引き下げてきた。短期金利を引き下げることで、企業の設備投資や家計の住宅建設を増加させ、景気回復を促す金融政策を伝統的金融政策と呼ぶ。この金利の引き下げにより、短期金利はゼロ近傍に至り、1999年2月に日本銀行はついにゼロ金利政策を導入した。しかしながら、景気は十分に回復せず、2001年3月には、金利の引き下げだけではなく、貨幣量を増大させることを意図した量的緩和政策を発動した。このように短期金利の低下だけではなく主に貨幣量を増大させることで景気の回復を目指す金融政策を非伝統的金融政策という。この2001年3月に開始された量的緩和政策では、マネタリーベースを4兆円程度から最終的には35兆円程度まで拡大させ、貨幣量の増大を図った。2013年1月には、デフレ脱却を明確な政策目標とするために、政府と日本銀行は、インフレ目標値を導入することを共同声明で公表している。2013年4月には、日本銀行は、2012年度の2倍以上にマネタリーベースを拡大させる量的・質的金融緩和政策を発動した。このように、非伝統的金融政策とは、貨幣を大量に市場に

145

投入することで、その貨幣が様々な財の購入や株などの金融資産の購入に使用され、景気が良くなることを意図する政策である。

　この2001年3月以降のマネタリーベースの拡大が日本経済のパフォーマンスを改善したかどうかはデータ分析により明らかにするしかない。本多・黒木・立花（2010）や宮尾（2016）などでは、この非伝統的金融政策が、本多等では株価の上昇を通じて、宮尾では株価に加え、円安、長期金利の低下などを通じて、日本経済の産出量を増大させたとしている。

　本章は、このマネタリーベースの拡大が、青森県の産出量、失業率及び物価にいかなる効果をもたらしているのかを、データ分析を通じて明らかにする事を目的とする。もし非伝統的金融政策が、青森県のマクロ経済を好転させるなら、いかなるタイミングで産出量と物価が上昇し、失業率が改善するのか、その波及経路は、株価、円安、長期金利のいずれであるのかも分析の対象とする。この2点を明らかにすることは、青森県マクロ経済の金融政策に反応する「くせ」を理解することにつながり、政策的含意が得られよう。

2．推定式とデータ

2-1　推定式

　本章の分析手法は、時系列分析における構造VARモデルによって行われる。推定式は、下記となる。

$$A_0 X_t = c + B_{t-1} X_{t-1} + ... + B_k X_{t-k} + \varepsilon_t$$

$$X_t = \begin{bmatrix} AIY_t \\ JCPI_t \\ Y_t(U_t) \\ CPI_t \\ MB_t \\ FV_t \end{bmatrix} A_0 = \begin{bmatrix} 1 & 0 & 0 & 0 & 0 & 0 \\ a_{21} & 1 & 0 & 0 & 0 & 0 \\ a_{31} & a_{32} & 1 & 0 & 0 & 0 \\ a_{41} & a_{42} & a_{43} & 1 & 0 & 0 \\ a_{51} & a_{52} & a_{53} & a_{54} & 1 & 0 \\ a_{61} & a_{62} & a_{63} & a_{64} & a_{65} & 1 \end{bmatrix} B_k = \begin{bmatrix} b_{11,k} & b_{12,k} & b_{13,k} & b_{14,k} & b_{15,k} & b_{16,k} \\ b_{21,k} & b_{22,k} & b_{23,k} & b_{24,k} & b_{25,k} & b_{26,k} \\ b_{31,k} & b_{32,k} & b_{33,k} & b_{34,k} & b_{35,k} & b_{36,k} \\ b_{41,k} & b_{42,k} & b_{43,k} & b_{44,k} & b_{45,k} & b_{46,k} \\ b_{51,k} & b_{52,k} & b_{53,k} & b_{54,k} & b_{55,k} & b_{56,k} \\ b_{61,k} & b_{62,k} & b_{63,k} & b_{64,k} & b_{65,k} & b_{66,k} \end{bmatrix} \quad (1)^1$$

　tは時点である。X_tは内生変数ベクトルであり、AIY_tは全国の経済活動水

---

[1]　(1)式で、内生変数X_tの要素を$Y_t(U_t)$としたのは、生産高を内生変数にする場合と失業率を内生変数にする場合の2つのケースが存在する事を意味する。

準、$JCPI_t$ は全国の物価水準、Y_t は青森県及び秋田県の生産高、U_t は青森県及び秋田県の失業率、CPI_t は青森県及び秋田県の物価水準、MB_t はマネタリーベース、FV_t は金融変数で、株価 $STOCK_t$、長期金利 $R10_t$ であり、複数の変数が入る場合は、FV_t は変数の数に対応したベクトルになる。A_0 は同時点係数行列であり、リカーシブ制約という。B_k は各時点の係数行列、k はラグ次数、c は定数項である。ε_t は各内生変数のショックを表し、その各要素は互いに無相関である。(1) 式のような推定式を VAR モデルという。VAR モデルでは、現在の値を過去の値で説明することを目的とする。例えば、現在の青森県の生産高 Y_t を、過去の全国の経済活動水準 AIY と物価 JCPI、過去の自身の生産高 Y、過去の自身の物価水準 CPI、過去のマネタリーベース MB、過去の金融変数 FV で説明することを意図している。

　また、(1) 式では、変数の順番を全国の経済活動水準 AIY と物価水準 JCPI、青森県（秋田県）の生産高 Y（失業率 U）と物価水準 CPI、マネタリーベース MB、金融変数 FV と並べ、行列 A_0 によりリカーシブ制約を課している。これは、日本銀行がマネタリーベースを決定する際には、全国の経済活動水準と物価及び青森県（秋田県）の生産高（失業率）と物価を観測している事と、マネタリーベースの増大が、1 期遅れて実体経済に影響を及ぼすという 2 点を仮定している事を意味する。また、金融変数（株価、長期金利）をマネタリーベースの後に配置したのは、金融市場が金融政策の変更にすぐに反応する事を意味する。このような仮定は、金融政策を構造 VAR モデルで分析する際の標準的な仮定である[2]。

2-2　時系列データ

　全国、青森県及び秋田県の推定に用いる時系列データは章末の付表 7-1、7-2、7-3、7-4 である。推定期間は、量的緩和政策が開始された 2001 年 3 月から 2017 年 12 月であり、使用するデータは月次データである。長期金利と失業率以外は、対数化し、その値に 100 を乗じている。

---

[2]　(1) 式などの構造 VAR モデルに関しては宮尾（2016）の第 3 章が詳しい。

人口80万人時代の青森を生きる―経済学者からのメッセージ―

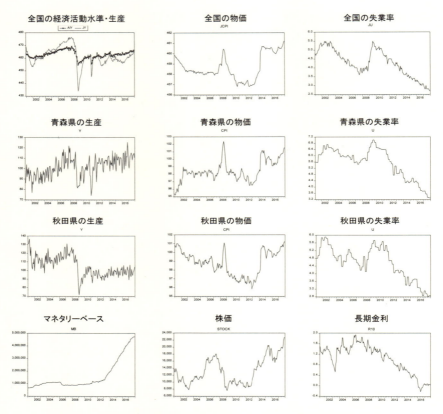

図7-1　全国・青森県・秋田県・金融政策変数・金融変数の時系列データ（原データ）

3．非伝統的金融政策に対する青森県・秋田県・全国のマクロ経済の反応

3-1　生産と物価の反応

　本項では、推定期間を量的緩和政策が開始された2001年3月から2017年12月に設定し、全国においては、全国の生産高JY、全国の物価水準JCPI、マネタリーベースMBから構成される3変数VARモデル、青森県と秋田県においては、全国の経済活動水準AIY、全国の物価JCPI、当該県の生産高

第7章 青森県マクロ経済は、非伝統的金融政策にいかに反応するか？

Y、当該県の物価水準CPI、マネタリーベースMBからなる5変数VARモデルの推定を行うことで、マネタリーベースMBの政策的な上昇が全国と当該県の生産と物価をいかに変動させるかを明らかにする。本項では、金融政策の波及経路は考察しないので、VARモデルに金融変数FVは含めていない。ラグ次数は、次節における分析でAICにより2を選択するので、ここでもラグ次数は2を選択した。

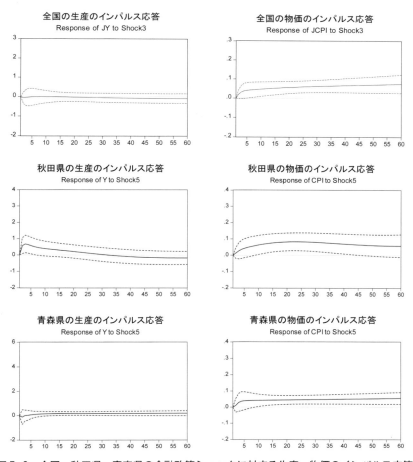

図7-2　全国・秋田県・青森県の金融政策ショックに対する生産・物価のインパルス応答

人口80万人時代の青森を生きる―経済学者からのメッセージ―

　図7-2は、マネタリーベースの政策的な増大（金融政策ショック）がもたらす生産と物価のインパルス応答である。図7-2の1行目が全国の結果、2行目が秋田県、3行目が青森県の結果である。図7-2は、マネタリーベースが増加した場合[3]に、（マネタリーベースが変化しない場合と比較して）、生産と物価がいかに増加、または減少するかを時間の推移とともに示したグラフである。縦軸が反応した量であり、横軸が時間であり、右にいくほどショックが発生してから、より時間が経過している事を意味する。図7-2の1列目が金融政策ショックに対する生産の反応、2列目が物価の反応である。6つのグラフには、各々3本の曲線が描かれている。中央の線は、金融政策ショックに対して各変数がいかに増加、または減少したかを表す点推定値を示している。一番上の曲線は、推定値の上限値であり、一番下の線は下限値を示している。上限値を表す曲線と下限値を表す曲線の両方が、プラス（マイナス）の側にあれば、そのインパルス反応は統計的に有意にプラス（マイナス）の反応を示していることになる。もし上限値の曲線がプラス側に、下限値の曲線がマイナス側にある場合は、このインパルス反応は正なのか負なのかが判断できず、統計的に有意であるとは言えない。また、上限値と下限値に挟まれた信頼区間の大部分がプラス（マイナス）にある場合は、弱い有意性があるという。

　図7-2の1行目のグラフは、全国の金融政策ショックに対するインパルス応答である。1行1列目のグラフは、生産の反応を示しているが、上限値と下限値が全ての時点で、プラスの領域とマイナスの領域に分かれているので、金融政策ショックに対して全国の生産は統計的に有意な反応を示していない。1行2列目のグラフでは、ショック発生直後は上限値がプラスの領域、下限値を表す曲線はゼロ近傍にある。この様な場合は、物価が弱い意味でプラスの反応を示していることになる。5か月後以降、上限値と下限値が共にプラスの領域にあり、明確に有意だと言える。よって、全国の物価は金融政策ショックに対してショックの発生直後から上昇している事を意味する。

---

[3]　マネタリーベースが(1)式の残差の1標準偏差ほど増加することを想定している。

第7章　青森県マクロ経済は、非伝統的金融政策にいかに反応するか？

　図7-2の2行目が秋田県の推定結果である。2行1列目のグラフからは、秋田県の生産は、マネタリーベースの増大ショックに対して、ショックの発生直後から統計的に有意にプラスの反応示すが、7か月後には、（下限値の曲線が負の領域に入るので）その反応は有意ではなくなっている。物価は、金融政策ショックに対して、10か月後から有意にプラスの反応を示している。

　図7-2の3行目のグラフは青森県の実証結果である。3行1列目のグラフは、金融政策ショックの発生から12か月後に上限値と下限値を表す曲線の両方がプラス側に存在している。この事は、金融政策ショック発生の12か月後に青森県の生産が小さいが有意にプラスの反応を示す事を意味する。それ以前は、上限値と下限値を表す曲線が正と負の領域に分かれており、生産が増大するのか下落しているのか判断できない。3行2列目のグラフでは、10カ月後に上限値及び下限値を表す曲線が共に正の領域にあり、金融政策ショック発生の10か月後に青森県の物価が正の反応を示すことを表している。

　金融政策ショックに対して、全国では生産はプラスの反応は示さず、青森県と秋田県ではプラスの反応を示しているので、非伝統的金融政策は青森県及び秋田県でより有効であると言えよう。秋田県の生産は、金融政策発動直後にプラスの反応を示すが、統計的に有意でなくなるのも7か月後であり、その終息は早い。それに対して、青森県において生産が統計的に有意に上昇するのは、12か月後であり、生産が金融政策ショックによって改善するには一定の時間が必要である。物価に関しては、全国においては金融政策発動直後からプラスの反応を示すが、青森県及び秋田県では、10か月後に有意にプラスの反応を示しており、全国よりも遅れて物価は上昇している。よって、青森県において、非伝統的金融政策による生産と物価の改善は、全国や他県と比較して一定の時間が掛かるようである。

3-2　失業率の反応

　本項では、推定期間は前項と同じ2001年3月から2017年12月に設定し、全国においては、全国の経済活動水準AIY、全国の物価水準JCPI、全国の

151

失業率JU、マネタリーベースMBから構成される4変数VARモデル、青森県と秋田県においては、全国の経済活動水準AIY、全国の物価JCPI、当該県の失業率U、当該県の物価水準CPI、マネタリーベースMBからなる5変数VARモデルの推定を行うことで、マネタリーベースMBの政策的な上昇が全国と当該県の失業率をいかに変動させるかを明らかにする。本項でも、金融政策の波及経路は考察しないので、VARモデルに金融変数FVは含めていない。ラグ次数は、AIC基準により全国では3、青森県及び秋田県では2を選択した。

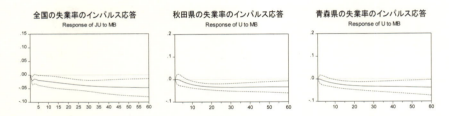

図7-3　全国・秋田県・青森県の金融政策ショックに対する失業率のインパルス応答

　全国の失業率は、マネタリーベースの増大ショック発生直後から有意にマイナスの反応を示している。それに対して秋田県と青森県の失業率は、金融政策ショックに対してどちらも約8か月後から有意にマイナスの反応を示している。失業率に関しては、青森県及び秋田県は、共に全国よりも遅れて改善している[4]。よって、失業率のモデルにおいても、青森県において、非伝統的金融政策による実体経済の改善は、全国と比較して一定の時間が掛かるようである。

---

[4] 本章においては、青森県及び秋田県の物価と失業率が金融政策ショックに対して有意に反応する時期が、山本（2018a）、山本（2018b）よりも早くなっている。これは、推定期間の変更と金融政策ショックを識別するVARモデルを変更したことが原因である。ただし、物価と失業率が有意に反応する時期が全国よりも遅れることには変わりはない。

4. 非伝統的金融政策の青森県の生産・物価に対する波及経路

4-1 インパルス応答分析

本項では、青森県の生産・物価に対する非伝統的金融政策の波及経路を確認するために、AIY、JCPI、Y、CPI、MB、R10、STOCKから構成される7変数VARモデルを推定する。金融政策の波及経路は、先行研究を参考に長期金利と株価を想定した。名目及び実質実効為替相場を含んだVARモデルも推定したが、青森県経済に有意に影響を与えていることは確認できない。よって、推定結果は割愛する。また、失業率に関しては金融政策の波及経路に関して明確な結果が得られない[5]。よって、この分析結果も割愛する。(1)式による7変数VARモデルのインパルス反応は下記となる。

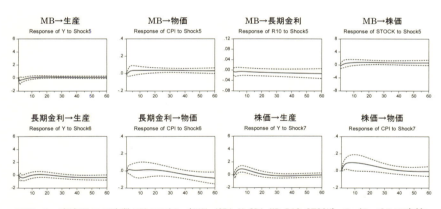

図7-4 青森県の7変数VARモデル（AIY JCPI Y CPI MB R10 STOCK）のインパルス応答

図7-4は、1行目がマネタリーベース増大ショックに対する左から青森県の生産Y、物価CPI、長期金利R10、株価STOCKのインパルス応答である。2行目が長期金利上昇ショックと株価上昇ショックに対する青森県の生

---

[5] 青森県に関しては、四半期データの失業率を線形補間により月次データ化したケースの推定も行ったが、やはり失業率のモデルにおいて金融政策の波及経路を明確には特定できなかった。また、失業率のインパルス応答は図7-3と本質的な相違点はない。

産Yと物価CPIのインパルス応答である。ラグ次数は、AIC基準により2を採用した。1行1列目のグラフは金融政策ショックに対する青森県の生産の反応を示しているが、生産は金融政策ショックに対して約20か月後に弱い有意性でプラスの反応をしている。1行2列目のグラフでは、物価が約15か月後以降、金融政策ショックに有意にプラスの反応を示し、1行3列目のグラフでは、金融政策ショックに対して、長期金利が約15か月以降、弱い有意性でマイナスの反応を示しており（点推定値では0か月以降、マイナスの反応）、1行4列目のグラフでは株価が約15か月後以降有意にプラスの反応を示している（点推定値では2か月以降プラスの反応している）。金融政策ショックに対する各変数の反応する時期を考慮すると、生産と物価は、マネタリーベース増加による長期金利の低下と株価の上昇を波及経路として正の反応をしていると考えられる。また、2行1列目と2行2列目のグラフでは、長期金利上昇ショックが生産と物価を有意に引き下げている期間が存在し、2行3列目と2行4列目のグラフでは、株価上昇ショックが生産と物価を有意に上昇させている期間が存在する。この事は金融政策の波及経路として長期金利経路と株価経路が存在することを示唆している。

　以上のインパルス応答分析から、青森県のマクロ経済において、「MB→R10→Y」、「MB→R10→CPI」、「MB→STOCK→Y」、「MB→STOCK→CPI」という金融政策波及の経路が存在すると考えられる。また、地方経済の生産や物価は全国の景気拡大の影響から上昇すると考えられる。このVARモデルのインパルス応答においても全国の経済活動水準AIYショックが青森県の生産を引き上げることは確認できる。しかし、全国の経済活動水準AIYが金融政策ショックに有意に反応しないため、全国の景気拡大を通じた金融政策の波及経路の存在は確認できなかった。また、このモデルにおいて、全国の物価JCPIが青森県の生産と物価への波及経路となっている事も見出せていない[6]。

6　よって、全国の経済活動水準AIYと物価JCPIを波及経路とするインパルス応答分析の結果の提示は割愛する。

第7章　青森県マクロ経済は、非伝統的金融政策にいかに反応するか？

4-2　Grangerの因果性検定

　ここで、このVARモデルにおけるGrangerの因果性検定を行う。Grangerの因果性検定とは、例えば、このVARモデルにおける

$$Y_t = c_3 + d_{31,1}AIY_{t-1} + d_{31,2}AIY_{t-2} + d_{32,1}JCPI_{t-1} + d_{32,2}JCPI_{t-2} + d_{33,1}Y_{t-1} + d_{33,2}Y_{t-2} +$$
$$+ d_{34,1}CPI_{t-1} + d_{34,2}CPI_{t-2} + d_{35,1}MB_{t-1} + d_{35,2}MB_{t-2} + d_{36,1}R10_{t-1} + d_{36,2}R10_{t-2} + \cdots \quad (2)$$

という式において、AIYの項に掛かっている係数が全てゼロあるという帰無仮説を棄却できなければ、AIYからYに対して、Grangerの意味で因果性はないという。帰無仮説を棄却できれば（係数が1つでもゼロではない可能性があれば）、AIYからYに対してGrangerの意味で因果性を有することになる。もしAIYに掛かっている係数がゼロでなければ、AIYの変動がYを変動させる事となる。これは、AIYの過去の値でYの変動を説明できることを意味し、この関係を「Grangerの意味で因果性がある」という。この7変数VARモデルにおいて、MBからR10への、R10からYへの関係は、有意水準10％でGrangerの意味で因果性を有するが、R10からCPIへの関係は、Grangerの意味で因果性を有さない。よって、インパルス応答分析で認められた長期金利を経由した金融政策の波及経路のうち、「MB→R10→Y」のみGrangerの因果性検定で支持される。MBからSTOCKへの、STOCKからCPIへの関係は、有意水準10％でGrangerの意味で因果性を有さない、STOCKからYへの関係は、有意水準10％でGrangerの意味で因果性を有する。よって、インパルス応答分析で認められた株価を経由した波及経路のうち、Grangerの意味で因果性を有するものは存在しない。まとめると、青森県においては長期金利のみが生産に対してのみ非伝統的金融政策の波及経路であることが確認できた[7]。

7　このモデル及び金融変数がこのモデルと異なるケースにおいても、全国の物価JCPIが青森県の生産、失業率、物価に対して明確に金融政策の波及経路になっているケースは見出せていない。

5．結論

　5変数VARモデルの推定結果より、青森県の生産と物価は、量的緩和ショックに対して正の反応を示す。全国の生産は統計的に有意な反応を示さないので、その意味では、青森県において、マネタリーベース拡大政策は、より有効である。ただし、青森県において、この生産の反応は、金融政策ショックから12か月から20か月以降と遅れて生じる。秋田県の生産が、マネタリーベース拡大ショック直後にプラスの反応を示すのとは対照的である。物価に関しては、秋田県と同じく、全国より遅れて上昇する。失業率は、秋田県と同様に金融政策ショックから8か月後に有意にマイナスの反応を示している。この反応も、全国と比較して8か月遅れて生じている。このように、非伝統的金融政策が青森県の生産、物価、失業率に効果を発揮するには一定の時間が必要であると言えよう。

　また、青森県の生産における非伝統的金融政策ショックの波及経路は、長期金利の低下のみ確認できた。内閣府（2011）が算出している2009年度末の都道府県別民間資本ストックを用いて、青森県の就業者一人当たりの民間資本ストックを計算すると、その水準は全国平均の85％程度にすぎない[8]。よって、青森県においては民間設備投資を行う余地は未だあると考えられる。こういう状況下で、長期金利が低下すれば、銀行借入などを活用した設備投資が行われ、それによって資本が増大し生産が上昇するという金融政策の波及経路は十分に起こり得る。一般的に、このような金利を経由した金融政策の効果は、遅れて生じると考えられている。青森県において生産が金融政策ショックに対して遅れて反応し、その波及経路が長期金利であることは、この事と整合的である。

　本章の実証分析結果を前提とした政策含意は、不況時に財政政策を発動す

---

[8] 内閣府（2011）が推計している2009年度末資本ストック（製造業計）と2009年度末資本ストック（非製造業計）を合計し、それを青森県の公務を除く就業者数で除して、就業者一人当たりの民間資本ストックを算出した。全国の値も同一手順で算出し、両者を比較した。

第7章　青森県マクロ経済は、非伝統的金融政策にいかに反応するか？

るタイミングについてである。青森県の生産は、マネタリーベースショックに対して、5変数VARモデルでは、12か月後にプラスの反応を示す。秋田県のそれは、マネタリーベースショックに即座に反応し、7か月後には有意な反応を終えている。よって、不況対策として財政政策を発動させるタイミングは、青森県では不況時に即座に財政支出を増大させ、金融政策の効果が発揮される時期を待てば、生産活動は平準化される。それに対して、秋田県においては、金融緩和政策が発動された約7か月後に財政支出を増大させれば、生産活動の政策的下支えを維持できよう。

　なお、本章で提示した分析結果は、非伝統的金融政策が青森県に対して与えた効果に関して確定した最終的結論を示すものではない。全国においても、ましてや地方経済に非伝統的金融政策がいかなる効果を与えているかに関して研究者間にコンセンサスは生じていない。現状では、全国レベルの分析では、VARモデルに採用するマクロ経済変数の相違や推定期間の相違で研究結果が異なっており、地方経済では全く研究の蓄積がなされていない。本章の目的は、シンプルな枠組みを用いて、非伝統的金融政策が地方にもたらす効果を検証する1つの試みを提示することにもある。

【参考文献】

内閣府（2011）「都道府県別民間資本ストック（平成12暦年価格、国民経済計算ベース　平成23年度3月時点）」内閣府、
　　https://www.esri.cao.go.jp/jp/sna/data/data_list/kenmin/files/contents/main_h21stock.html

本多祐三・黒木祥弘・立花実（2010）「量的緩和政策—2001年から2006年にかけての日本の経験に基づく実証分析—」『フィナンシャル・レビュー』財務省財務総合政策研究所、Vol.99、pp.59-81

宮尾龍蔵（2016）「非伝統的金融政策に効果はあるのか（II）実証的な証拠」『非伝統的金融政策−政策当事者としての視点』第3章、有斐閣、pp.89-120

山本康裕（2018a）「非伝統的金融政策と青森県のマクロ経済—構造VARモデルによる検証—」『人文社会科学論叢』弘前大学人文社会科学部、No.4、pp.137-174

山本康裕（2018b）「秋田県のマクロ経済と非伝統的金融政策—構造VARモデルによる検証—」『人文社会科学論叢』弘前大学人文社会科学部、No.5、pp.183-219

人口80万人時代の青森を生きる―経済学者からのメッセージ―

付表7-1　青森県の時系列データ

変数名	使用するデータ	説　明	出　所
Y：青森県の生産高	青森県鉱工業生産指数	2010年＝100、1999年から2007年の値は、2003年、2008年の値をもとに接続させた。X-12-ARIMAにて季節調整済	青森県企画政策部統計分析課
CPI：物価水準	消費者物価指数	生鮮食料品を除く総合、2015年＝100、青森市の値、X-12-ARIMAにて季節調整済	総務省統計局
U：青森県の失業率	青森県完全失業率	四半期データをX-12-ARIMAにて季節調整を施し、当該四半期は一定の値として使用した。	総務省統計局

付表7-2　秋田県の時系列データ

変数名	使用するデータ	説　明	出　所
Y：秋田県の生産高	秋田県鉱工業生産指数	2010年＝100、X-12-ARIMAにて季節調整済	秋田県庁調査統計課
CPI：物価水準	消費者物価指数	生鮮食料品を除く総合、2015年＝100、秋田市の値、X-12-ARIMAにて季節調整済	総務省統計局
U：秋田県の失業率	秋田県完全失業率	四半期データをX-12-ARIMAにて季節調整を施し、当該四半期は一定の値として使用した。	総務省統計局

付表7-3　全国の時系列データ

変数名	使用するデータ	説　明	出　所
AIY：経済活動水準	全産業活動指数	農業分門を除き、2010年＝100としてX-12-ARIMAにて季節調整済	経済産業省
JY：全国の生産高	鉱工業生産指数	2010年＝100、X-12-ARIMAにて季節調整済	経済産業省
JCPI：物価水準	消費者物価指数	生鮮食料品を除く総合、2015年＝100、X-12-ARIMAにて季節調整済	総務省統計局
JU：全国の失業率	完全失業率	季節調整済	総務省統計局

付表7-4　金融政策変数と金融変数

変数名	使用するデータ	説　明	出　所
MB：金融政策変数	マネタリーベース	X-12-ARIMAにて季節調整済	日本銀行
STOCK：株価	日経平均	X-12-ARIMAにて季節調整済	日本経済新聞社
R10：長期金利	日本国債10年物利回り	月末終値、X-12-ARIMAにて季節調整済	Investing.com日本

《執筆者紹介》

李永俊（い　よんじゅん）　　　　　　　はしがき、序章、第1章

1968年生まれ
2002年　名古屋大学大学院経済学研究科博士後期課程修了、博士（経済学）
著　作　『東日本大震災からの復興（1）～（3）』（監修）弘前大学出版会、2014～
　　　　2016年
　　　　『「東京」に出る若者たち─仕事・社会関係・地域間格差』（共著）ミネ
　　　　ルヴァ書房、2012年

飯島裕胤（いいじま　ひろつぐ）　　　　はしがき、序章、第6章

1970年生まれ
1998年　一橋大学大学院経済学研究科博士課程単位取得退学、博士（経済学）
著　作　「不完備契約の企業理論」福重元嗣他編『ベーシック応用経済学』第1
　　　　章、勁草書房、2015年
　　　　「ステークホルダーの利益保護に対する現経営陣と買収者の行動の差
　　　　異」『応用経済学研究』第2号，pp.1-17，2008年（日本応用経済学会奨
　　　　励賞）

黄孝春（こう　こうしゅん）　　　　　　　　　　　　　　第2章

1962年生まれ
1991年　京都大学大学院経済学研究科博士後期課程修了、博士（経済学）
著　作　『りんごをアップルとは呼ばせない─津軽りんご人たちが語る日本農業
　　　　の底力』（共著）弘前大学出版会、2015年
　　　　『グローバル下のリンゴ産業─世界と青森─』（共著）弘前大学出版会、
　　　　2017年

桑波田浩之 （くわはた　ひろゆき）　　　　　　　　　　　　第3章

1983年生まれ
2014年　横浜国立大学大学院国際社会科学研究科博士課程後期グローバル経済
　　　　学専攻修了、博士（経済学）
著　作　「東日本大震災が日本の輸出に与えた影響－貿易の外延と内延の分解に
　　　　よる分析」『日本経済研究』第76号、p44-67、2018年
　　　　"Globalization and Internal Corporate Organization: Evidence from
　　　　Japanese Firms," *The International Economy*, vol.17, pp.15-32, 2014年

花田真一 （はなだ　しんいち）　　　　　　　　　　　　　第4章

1981年生まれ
2016年　博士（経済学）取得（東京大学）
著　作　『再生可能エネルギー普及政策の経済評価』、三菱経済研究所、2012年
　　　　「東日本大震災後の再生可能エネルギー政策と今後の課題」、『日本経済
　　　　政策学会叢書1　アベノミクスの成否』、勁草書房、2019年　他

大橋忠宏 （おおはし　ただひろ）　　　　　　　　　　　　第5章

1970年生まれ
1998年　東北大学大学院情報科学研究科博士課程後期3年の課程修了、博士（情
　　　　報科学）
著　作　「日本の国内航空旅客市場における輸送密度の経済性」『運輸政策研
　　　　究』、財団法人運輸政策研究機構、Vol.14(3)、pp.9-15、2011年　他

山本康裕 （やまもと　やすひろ）　　　　　　　　　　　　第7章

1966年生まれ
2000年　広島大学大学院社会科学研究科博士課程後期経済学専攻修了、博士（経
　　　　済学）
著　作　「銀行業の寡占化は金融政策に如何なる影響をもたらすか？」『金融経
　　　　済研究』日本金融学会、2015年

人口80万人時代の青森を生きる
―経済学者からのメッセージ―

2019年10月11日　初版第1刷発行

編著者	李 永俊・飯島 裕胤
装　画	早川 剛
発行所	弘前大学出版会　**HUP**
	〒036-8560　青森県弘前市文京町1
	電話 0172（39）3168　FAX 0172（39）3171
印刷所	やまと印刷株式会社

ISBN978-4-907192-81-5